海外出張
成功の鍵はホテルにあり！

株式会社アップルワールド【著】

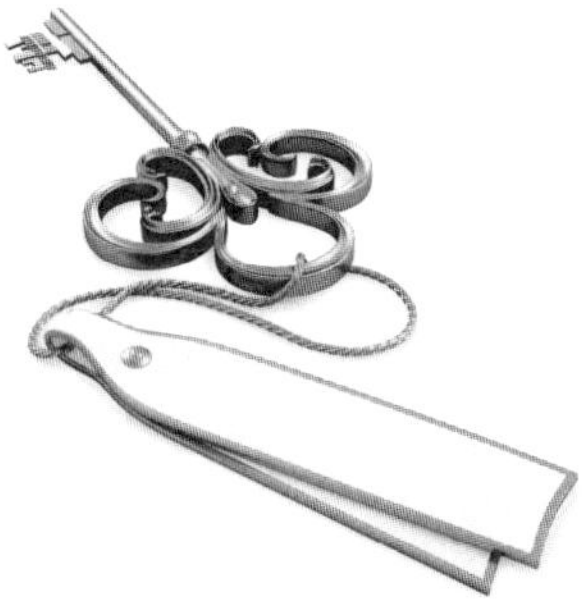

発行:ダイヤモンド・ビジネス企画　発売:ダイヤモンド社

ご利用の前に

ヨーロッパの高級ホテルでも恥ずかしくない英語を

英語のスタイルは、北米・オーストラリア・アジア方面とヨーロッパでは大きく異なります。大まかに言えば、前者の方がよりカジュアルで、後者はよりフォーマル。もちろんホテルのクラスによっても異なります。

この本では、より格式やマナーが重んじられるヨーロッパにおいて、「4つ星・5つ星ホテルでも恥ずかしくない」英語をめざしました。このため、アメリカ等カジュアルな表現が一般的な国では、やや「固すぎ」と受け取られるかもしれません。

その場合は、周囲の様子を見ながら適切にくずしていただければと思います。ただし「自己流カジュアル」は、時として失礼にあたる場合があるのでご注意ください。

とにかく丁寧な言葉を使う。

ホテルのクラスにかかわらず、とにかく「自分の知っている最上級の丁寧な言葉を使う」ことを心がけましょう。丁寧にされて不愉快な人はいませんよね？ ホテルでも、丁寧に頼んでいるゲストに冷たく当たるスタッフはいないはず。

リスペクトを持って

ホテルには若いスタッフも多いためか、つい「上から目線」になってしまうことがあります。でも上下関係ではなく、対等な意識で、敬意をもって接して初めて「リスペクトされるゲスト」となることを、どうぞ忘れないでください。

●知っておこう

丁寧にお願いする時のフレーズとして、下記を覚えておくとよいでしょう。

Could you please ～？
Would you please ～？
～していただけますか？

I'd like ～？
～が欲しいのですが。

※「I want」は、人に何かを依頼する際には大変失礼な表現ですので、使わないようにしましょう。

Shangri-La Hotel Sydney (Sydney)

シャトルバスとWIFI環境
出発前に確かめておこう！

トラベラー　ホテルマン

ホテルの設備やサービスを事前に確かめるにはメールが最も手軽ですが、時には返事が来ないこともあります。そんな時は迷わず電話で問い合わせてみましょう。ポイントをメモしておけば安心です。

空港からのシャトルバスの有無をたずねる・手配する

Do you have a shuttle service from the airport?
空港送迎のシャトルバスはありますか？

Yes, we have a complimentary shuttle.
はい、無料のシャトルサービスがあります。

Where can I catch it, and how much does it cost?
どうやって乗ったらいいのですか？ 料金は？

It's free of charge. We will pick you up at the airport. Please let us know your arrival information.
無料です。空港までお迎えにあがりますので、到着時間とフライトをお知らせください。

既にホテルを予約済みならば、送迎も予約してしまいましょう。

My flight arrival is AF774, at 6:30 pm.
フライトナンバーはAF774で、午後6：30に到着します。

まだホテルを予約していない場合は、

I haven't booked the room yet. I'll let you know later.
まだ予約していないので、後でご連絡します。

ホテルの回答バリエーション

Please make a phone call when you arrive, and we will pick you up.
空港に到着したら電話をください。お迎えにまいります。

Our shuttle runs every 30 minutes. So please wait at the hotel sign.
30分おきに回っていますので、ホテルのサインのところで待っていてください。

It's $2 per person one way, $3 return.
一人片道2ドル、往復で3ドルです。

インターネット環境についてたずねる

Can I use the internet in my room?
客室でインターネットができますか?

Yes, we have free WIFI in the room and lobby area.
はい、お部屋とロビーでWIFIが無料でお使いいただけます。

ホテルによっては接続環境が異なります。

You can use WIFI in the room for $5 per hour, and $20 per day.
お部屋でWIFIが使えますが、1時間5ドル、1日20ドルです。

We have free hi-speed internet on the club floors.
クラブフロアでは、高速インターネットが利用できます。

You can use the internet via ADSL in your room. A LAN cable is required.
客室はADSL接続でLANケーブルが必要です。

Can I borrow a cable?
ケーブルのレンタルはできますか?

Yes, it's free. / Yes, it's $2 per day.
はい、無料です。/はい、1日2ドルになります。

Mister M's Tips

ホテルが運行するシャトルバスは左記のように、❶事前に要予約、❷到着時に空港から電話で呼び出す、❸定期的に巡回しているもの、の3パターンがほとんど。これを知っておけば相手の返事もぐっと理解しやすくなります。

One & Only Cape Town (Capetown, South Africa)

チェックインまでに問題発生！ホテルに相談して善後策を

トラベラー　ホテルマン

いくら予約をしていても、チェックインまでには思いもかけない出来事が起こるもの。そんな時はあれこれ悩まず、まずホテルに電話か相談を。状況に応じた善後策を講じれば、時間をムダにせずにすみます。

ホテルのシャトルバスが来ない！

I've been waiting for your shuttle bus for half an hour, but it hasn't arrived yet.
30分ほどシャトルバスを待っているのですが、まだ来ないのですが…。

Where are you now?
今どちらにいらっしゃいますか？

At the shuttle bus stop of Terminal 1.
ターミナル1のシャトルバス乗り場です。

The bus will be there in 10 minutes. Please wait a little while.
10分ほどでまいりますので、もう少々お待ちください。

Can I cancel it? I will take a taxi.
タクシーで行きますので、シャトルバスはキャンセルしてください。

到着が遅くなることを告げる

My name is **, and I have a reservation for tonight. I will check in late.
予約している＊＊ですが、チェックインが遅くなります。

My flight has been delayed, and I will arrive at your hotel around 10 pm. Is that OK?
フライトが遅れて到着は夜の10時くらいになります。大丈夫ですか？

No problem. We'll keep your room.
ええ、問題ありません。お部屋はおとりしておきます。

May I have your name, please?
お名前を教えていただけますか？

John.
ジョンです

Thank you, John. Goodbye.
ありがとう、ジョン。それでは。

チェックイン時間より前に到着した場合

Can I check in now?
いますぐチェックインできますか?

I am sorry, the room isn't ready yet.
申し訳ありません。まだお部屋のご用意ができておりません。

Would you keep my baggage until check-in time? I' ll be back in about 3 hours.
チェックイン時間まで、荷物を預かってもらえますか? 3時間くらいで戻ります。

Would you call me when you're ready to check in? The number is 1234-5678.
準備ができたら電話をいただけますか? 番号は1234-5678です。

Madam Yoko's Tips

家族経営のプチホテルやペンションのように、レセプションが24時間営業でない施設もあります。事前に到着時間を忘れずに連絡しておくことはもちろん、到着時にも念のため空港から電話を入れましょう。いずれの場合も電話での問い合わせは、相手の名前を聞くことで、伝え忘れなどを未然に防ぐことができます。

One & Only Palmilla (Palmilla, Mexco)

快適滞在はチェックインで決まる！

トラベラー　ホテルマン

客室の割り当てはホテル側の事情で左右されることがしばしばあるため、予約時のリクエスト通りの部屋が確保されているとは限りません。チェックインの際に改めて具体的な希望を告げて、望み通りの部屋を手に入れましょう。

ルームキーを受け取る前に部屋の希望を伝える

I'd like ***, please. / Do you have ***** available?**
*****の部屋がいいのですが/*****の部屋はありますか？

「***」には、次のような言葉が入ります。**
・禁煙室（フロア）　— **a non smoking room(floor)**
・エレベーターの近く　— **a room near the elevator(lift)**
・バスタブ（とシャワー）付きの部屋　— **a room with a bathtub(and a shower)**
・眺めのよい部屋　— **a room with a nice view**
・ツインベッドの部屋　— **a twin-bedded room**

May I ask for ***?**
ちょっと贅沢なお願いをする場合は、このように少し丁寧な言い方で。

「***」に入るリクエストとしては**
・もっと眺めのよい部屋　— **a room with a better view**
・もう少し上の階の部屋　— **a room on a higher floor**
・もう少し広めの部屋　— **a little bit larger room**

同行者と近くの部屋にしたいなら

We would like to have adjoining or connecting rooms.
近くの部屋がいいのですが。

※「adjoining（アジョイニング）rooms」は左右に隣接、または向かい合わせの部屋を指します。これに対して「connecting（コネクティング） rooms」は左右隣接した部屋がドアの内側で繋がっている状態を指します。
※もっと簡単に「We would like to have rooms close to each other.」という言い方もできます。

★ 同行者とホテルで落ち合う場合は？

My friend / family / business partner will come later. Please call my room when he / she has arrived.
友人/家族/ビジネスパートナーが後から来ますので、ついたら部屋に電話をください。

★ どこかから連絡が入っているかもしれない時は？

Are there any messages for me?
私あての伝言が何かありますか？

長期滞在の場合など、可能なら部屋を見せてもらいましょう

Could you please show me some rooms?
いくつか部屋を見せていただけますか？

※このようなイレギュラーなお願いは、丁寧に。

★ 希望通りの部屋がもらえたらお礼を忘れずに。

That'll be great! Thank you.
すばらしい！ ありがとう。

I'll take it. Thank you.
その部屋にします。ありがとう。

Mister M's Tips

ホテルバウチャーや予約確認書を印刷するのを忘れた時は、フロントでスマートフォンやタブレットのPDF画面を見せるのもひとつの手。その際、「Would you send it to this address?」（このアドレスに送ってもらえませんか？）」と頼まれることもありますので操作には慣れておきましょうね。

InterContinental Paris-Le Grand (Paris)

手続きのついでにホテル情報も確認

トラベラー　ホテルマン

チェックインはホテルスタッフとのコミュニケーションの第一歩。知りたいことがあったら、手続きのついでに質問してみましょう。にこやかで親しみをこめた会話ができたら、あなたの好感度はぐっとアップするはずです。

朝食についてのあれこれ

When is breakfast time?
朝食は何時から何時までですか？

Where can I have breakfast?
朝食はどこで食べられますか？

Where is the breakfast room?
朝食室はどこですか？

※ヨーロッパではコンチネンタルの朝食は無料で提供されるという文化があるので、「Breakfast room(朝食室)」を設けている場合が多くあります。これに対してアメリカやアジアでは「Breakfast room」というのはほとんどありません。

Can I have breakfast in my room?
部屋で朝食をとりたいのですが。

I have to check out very early in the morning and can't eat breakfast in the hotel. Could you make me a breakfast box?
早朝チェックアウトのため朝食が食べられません。朝食ボックスを用意していただけますか？

Sure. What time will you check out? / No, I'm sorry.
もちろんです。何時にチェックアウトされますか？/残念ですが、ご用意できません。

館内施設のあれこれ

Do you have towels at the swimming pool / fitness club?
プール/ジムにタオルは置いてありますか？

Can I wear the bathrobe / swimsuit to go to the swimming pool / spa?
部屋からバスローブ/水着でプール/スパに行ってもいいですか？

Yes, but please use the passage for in-house guests only.
はい、ただしゲスト用の専用通路を利用してください。

When is the spa open?
スパの営業時間は？

Do I need a reservation?
予約が必要ですか?

When will it be available?
いつ頃がすいていますか?

その他のサービスあれこれ

Is there anyone here who speaks Japanese?
日本語を話せるスタッフはいますか?

Do you have any Japanese staff?
日本人スタッフはいますか?

Can you please exchange (this) yen into dollars?
円からドルに両替はできますか?

※お金を見せながらたずねる場合は「this」を入れるのが自然。

Could you please make change for this bill?
このお札をくずしてもらえませんか?

What would you like? / How would you like it?
内訳はどうしましょう?

I'd like ten twenties, five tens, and the rest in small change.
20ドル札10枚、10ドル札5枚、あとは細かいお金でお願いします。

Madam Yoko's Tips

海外では高額紙幣を受け付けてもらえないことがよくあります。両替をする時はできるだけ細かくしておくと何かと便利ですし、チップが必要な場合にもスムーズに渡せます。また深刻なトラブルが起こった時や、込み入ったお願いをする時は「日本語の話せるスタッフ」では対処できない可能性も。こういうケースでは「日本人のスタッフ」を呼んでもらうようにしましょう。

Heritage Le Telfair Golf & Spa Resort (Mauritius)

荷解きをする前に まず室内をチェック

トラベラー　ホテルマン

ようやく客室に到着。でもスーツケースを開くのはもう少し待って！ まずは室内をチェックし、機器や設備が正常に使えるかどうか確認しましょう。問題があればすぐにポーターに告げるか、電話でフロントに連絡をします。

部屋そのものに問題がある場合

I'm sure I made a reservation for ***.**
*****の部屋を予約したはずですが。

「***」に入るのは**

- ·デラックスの部屋 — **a deluxe room**
- ·オーシャンビューの部屋 — **an ocean view room**
- ·中庭向きの部屋 — **a courtyard room**
- ·角部屋 — **a corner room**
- ·ツインベッドの部屋 — **a twin-bedded room**

★ 部屋を替えてもらう

This is not the room I expected. Would you please change my room?
お願いした部屋とは違うので、部屋を替えていただけますか？

I'd like to have a twin-bedded room, if it's available.
もし空いていれば、ツインベッドの部屋をお願いしたいのですが。

※「ツインベッド」や「禁煙フロア」「バスタブ」等、予約時に希望をリクエストすることはできますが、通常それらは「確約」ではありません。もしお部屋に案内されて希望と違っていた場合は、変更できないかたずねてみましょう。

「使えない」ことあれこれ

I can't connect to the internet.
インターネットに接続できません。

There is no hot water in the bathroom.
お風呂のお湯が出ません。

The water goes down very very slowly.
排水が悪いです。

The tap is running very slowly.
水道の出が悪いです。

The toilet is broken. It will not flush.
トイレが壊れていて、水が流れません。

The TV remote control doesn't work.
テレビのリモコンが使えません。

One of the lights won't come on.
照明が一つ切れています。

The room / bathroom isn't clean.
部屋/バスルームが汚れています。

I can't open the safe in my room.
部屋のセーフティボックスが開きません。

解決してもらうには

Would you please come and fix it now?
すぐに来て直してくれませんか？

It will take some time.
少し時間がかかります。

Would you give me another room, please?
では部屋を替えていただけますか？

★ お礼を言う

Thank you very much. I appreciate it.
ありがとうございます。感謝します。

InterContinental Malta (Malta)

チェックインのトラブルは相手の説明をきちんと聞いて

トラベラー　ホテルマン

「予約がない」「部屋がない」と言われてしまった…。ありえないことのようですが、チェックインでこんなトラブルに遭遇しないとは限りません。怒る前に落ち着いてホテルの説明を聞けば、ちゃんと理解と対処ができるはずです。

「予約がない」と言われたら

Sorry, we have no reservation under your name.
申し訳ありませんが、お名前が見つかりません。

Here is my passport. Please check again.
パスポートの名前でもう一度確認してみてください。

I am sorry, we double checked, but still cannot find your name.
再度確認しましたが、やはりお名前が見つかりません。

Could you please call the agent with whom I made the reservation?
（バウチャーを示して）ではここの手配会社に確認していただけますか?

予約が取り消されるこんなケースも

We have cancelled your reservation since you did not arrive before 6 pm.
6時になってもお見えにならなかったのでキャンセルいたしました。

Sorry? / Excuse me? / I beg your pardon?
なんですって!?（ゆっくり、尻あがりに言うのがポイント）

My flight was delayed, and I could not call. Is there anything you can do?
飛行機が遅れて電話ができなかったんです。どうにかなりませんか?

OK, I will manage it somehow.
わかりました。なんとかしてみましょう。

オーバーブックといわれたら

I am sorry, but we are over booked tonight.
申し訳ありませんが、本日はオーバーブックでお部屋がご用意できません。

Are there no rooms at all that are free?
本当に1室も残っていないのですか?

I'm sorry, we have no rooms available tonight.
申し訳ありません、今夜はお部屋がまったくございません。

We could arrange you another room at the hotel nearby.
その代わり近くのホテルのお部屋を手配いたしますが…。

Would it be possible to move back to this hotel tomorrow?
明日にはここに戻れますか?

Could you cover the moving and communication expenses?
移動費や連絡のための通信費は負担してもらえますか?

※「cover」は柔らかい言い方。これを「guarantee」にすると、やや強めな(ビジネスライクな)表現になります。

Yes, we will fully reimburse you upon submission of the original receipts.
はい、経費は領収書をいただければお支払いいたします。

※「reimburse(リインバース)」は「払い戻す」という意味。ふだんあまり目にすることのない単語ですが、このような場合に耳にしますので覚えておきましょう。

OK then, I guess I've got no choice. Thank you.
仕方ないですね…。ではよろしく。

Mister M's Tips

日本人の名前は外国人にはわかりにくいため、発音が聞き取りづらかったり、姓と名前が逆に記録されていることも。そのためリストを探しても「予約がない」というケースが起こり得るのです。まずはパスポートやバウチャーで確認してもらいましょう。それでも予約がないと言われたら、バウチャー等に記載されている手配会社へ、ホテルから直接確認してもらいます。日本に電話をするより、ずっと早く問題が解決するはずです。

Eden Au Lac (Zurich)

ハウスキーピングにちょっとしたお願いをする

トラベラー　ホテルマン

ふだんは気軽に言えるひとことが、英語だとなかなか出てこない。だから我慢してしまう…。それではホテルライフの楽しみも半減してしまいます。さあ、快適度アップのために、気後れせずにリクエストを!

ちょっとお願いしたい、教えて欲しい。

Could I please get some hot water in a thermos?
お湯をポットでいただけませんか?

Could you please show me how to set the alarm?
アラームのセットの仕方を教えていただけますか?

Could you come and clear the dishes, please?
食器を下げてもらえますか?

Could you please raise / lower the temperature in my room?
部屋の温度を上げて/下げてもらえますか?

Is the water safe to drink?
ここの水は飲んでも大丈夫ですか?

When will it be ready?
いつ用意ができますか?

ホテルライフに必要なものをもらう

★ 使い捨て(消耗品)のアメニティをもらいたい時は。

Can I get ***?**
*****をもらえますか?

「***」に入るのは**

・かみそり　— **a razor**
・歯ブラシ　— **a toothbrush**
・ソープやシャンプーなど　— **a set of bathroom amenities**

★ ホテルの備品を借りる、または、あるかどうかわからないけれど・・・。

Can I have ***?**
*****をもらえますか？

「*****」の部分に入るのは。

・タオルをもう一組 — **another set of towels**
・ソーイングセット — **a sewing kit**
・ナイフ、フォークなど — **set of table cutlery / set of knives and forks**
・体温計 — **a thermometer**
・体重計 — **a weight scale**
・爪切り — **a nail clipper**
・バンドエイド — **Band-Aids**
・洋服ハンガーを余分に — **extra hangers**
・化粧用コットン —**(cosmetic)cotton pads**
・綿棒 — **cotton buds**（北米では Q-tips という場合も）
・洗濯洗剤 — **laundry detergent**
・生理ナプキン — **sanitary pads / sanitary napkins / tampons**
・加湿器 — **a humidifier**

部屋にいる時ハウスキーピングが来たら

Thank you, but could you come back in 30 minutes?
ありがとう、でも30分後に来てくれませんか。

Thank you, but I don't need my room cleaned today.
今日は掃除していただかなくて結構です。

★ 部屋に戻ったとき、部屋が掃除されていなかったら電話で。

Could you please make up my room?
部屋の掃除をしてもらえませんか？

Grand Hotel Villa Castagnola Au Lac(Lugano)

デジタル環境を自分ユースに整える

トラベラー　ホテルマン

ビジネストラベルだけでなく、パソコンやスマートフォンなどのパーソナルIT機器は、いまや旅の必需品。スムーズに使いこなすためには、ホテルのデジタル環境やビジネスサポートについて把握しておきましょう。

インターネットがつながらない！

I can't connect to the internet.
インターネットに接続できないのですが。

You need to have the user ID and password.
接続IDとパスワードが必要です。

You need to buy a prepaid card.
プリペイドカードを購入してください。

Where can I get one?
どこで入手できますか？

Please ask at the reception.
フロントにおたずねください。

★ でも、やっぱりうまくいかない時は・・・

I have a prepaid card, but still can't connect. Would you please come to my room and show me how to connect to the internet?
プリペイドカードを買ったのですが、やはりつながりません。部屋に来て教えていただけませんか？

★ IT備品を借りる

Can I please have an adapter / a battery charger / a transformer?
アダプター /充電器/変圧器をお借りしたいのですが。

Do you have a USB battery charger?
USB充電器はありますか？

Do you have an iPod station?
iPodステーションはありますか？

ビジネスセンターでパソコンを借りる

Do you have a PC with internet connection?
インターネットが使えるパソコンはありますか？

Yes, we have some computers at the business center / internet corner.
ビジネスセンター/インターネットコーナーにあります。

Can I read and write Japanese on it?
日本語の読み書きはできますか？

Well, you can read Japanese, but there are no Japanese keys.
読むことはできますが、書くことはできません。

★ パソコンのトラブル

The characters are not showing properly. What should I do?
文字化けしているのですが、どうすればよいですか？

The computer froze, and I can't even reboot.
パソコンがフリーズして、再起動もできません。

その他のビジネスサービスについて質問する

I'd like to make photocopies, print out or send a fax.
コピー、プリントアウト、ファクスの送受信はできますか？

Yes, sure. It's free to receive faxes.
はい、もちろんです。ファクス受信のみ無料です。

Do you have any packaging materials?
パッキング用品はありますか？

Yes, we have boxes for you. / No, we don't. But you can buy some boxes at the post office.
はい、箱をご用意しています。/いいえ、ご用意していません。郵便局で箱を購入できますよ。

Could you please send this parcel to Japan by air mail / by ship?
この荷物を航空便（船便）で日本に送りたいのですが。

OK, please fill in this form.
かしこまりました。送り状に記入をお願いします。

Mister M's Tips

海外で自分のパソコン以外からメールの送受信を行う場合、気をつけたいのがログインとログアウト。ログイン時に「Save your password（パスワードを保存する）」または「Stay signed in（ログイン状態を保持する）」にチェックが入っていないかどうか確認し、終了する時は必ず「ログアウト」することを忘れずに。

コンシェルジュにお願いごとをする

トラベラー　ホテルマン

不慣れな土地でも思う存分滞在を楽しみたいのなら、ぜひコンシェルジュとコンタクトを。隠れ家レストランや人気店の予約、チケット手配から街歩きのアドバイスまで、どんなリクエストにもバッチリ応えてくれるでしょう。

まずは笑顔で挨拶。それから本題へ

Good morning! / How are you?
こんにちは！

How can I help you?
いかがされましたか？

Do you have a map of the city?
街の地図をもらえますか？

Do you have any city guides?
タウンガイドのようなものはありますか？

★ レストランを紹介してもらう。

Can you suggest some good restaurants around here?
この辺りに、どこか良いレストランはありますか？

What kind of cuisine are you looking for?
どんなところがご希望ですか？

I'd like ***.**
*****がいいです。

「***」には、以下のような例が入ります。**

- ·気取らず楽しめるところ — **a casual restaurant**
- ·地元の料理が食べられるところ — **a restaurant serving traditional (local) foods**
- ·深夜営業のところ — **a restaurant that is open until midnight**
- ·地元の人に人気のあるところ — **a restaurant that's popular with locals**

Do they have a dress code?
ドレスコードはありますか？

No jeans or T-shirts, please.
ジーンズやTシャツはご遠慮ください。

エンターテインメント情報を教えてもらう

I'd like to see an opera tomorrow.
明日オペラを観に行きたいのですが。

Could you please book two tickets?
2人分のチケットを取っていただくことはできますか?

What is the most popular musical at the moment?
最近評判のミュージカルは何ですか?

Could you recommend any good events or festivals around here?
このあたりで、何かおすすめのイベントやお祭りはありますか?

May I know the way to the museum?
美術館はどう行けばいいのですか?

★ チケットを買いたいとき

Where can I buy a ticket?
チケットはどこで買えますか?

Are there any discount tickets?
格安チケットはどうやったら手に入りますか?

Could you arrange that for me?
代わりに手配していただけますか?

★ こんなこともお願いできます。

Could you charge the battery to my PC / digital camera ?
パソコン/デジカメの充電をしていただけますか?

Would you set up this prepaid cell phone for me?
プリペイド携帯のセッティングをしてもらえませんか?

Please hand this document to my friend who will come later.
あとで来る友人にこの書類を渡してくれませんか。

Mister M's Tips

高級ホテルにはコンシェルジュやバトラーが待機していることがあります。コンシェルジュはロビーエリアなどに専用のデスクを設けており、そこでゲストのリクエストを受け付ける「秘書」のような存在。対してバトラーは、客室やフロアごとに各種リクエストを請け負う、いわば「何でも屋」。ルームサービスから買物の付き添い、時にはスポーツの相手までこなします。どちらに頼んでいいかわからなかったら、まずバトラーに声をかけてみるといいでしょう。

ホテルでの「困った！」こう伝えれば大丈夫 ～その1～

トラベラー　ホテルマン

ちょっとしたトラブルを気持ちよく解決するのに必要なのは、的確なコミュニケーション力。焦らず慌てず、とりあえず状況をきちんと伝えましょう。解決したら笑顔で「Thank you!」を忘れずに。

ルームキーで困った！

This card key doesn't work. Would you please check it?
このルームキーが使えないのですが、確認していただけませんか。

I left my key in my room. / I have locked myself out.
部屋にキーを置いてきてしまいました。

May I have another one?
もう1枚いただけますか?

部屋の備品・設備で困った！

How can I make an outside call / international call?
外線/国際電話のかけ方がわかりません。

The window doesn't open.
窓が開きません。

Water's dripping from the ceiling.
天井から水が漏れています。

The toilet is broken. It will not flush.
トイレが壊れていて、水が流れません。

There was already damage when we arrived.
部屋に入った時には壊れていたようです。

ルームサービスで困った!

I ordered room service 30 minutes ago, but it has not arrived yet.
30分前にルームサービスを頼んだのですが、まだ来ません。

Can I have your room number and order, please?
お部屋番号とオーダーの内容をもう一度うかがえますか？

Yes, the room number is 333, and I ordered the continental breakfast for one.
333号室で、コンチネンタルブレックファスト1人分です。

Sorry about that, but it's a busy time. We will bring it in 10 minutes.
申し訳ありません、混み合っていまして。あと10分ほどでお持ちします。

★ ルームサービスが間違って来た

This is not what I ordered. / I didn't order this.
頼んだものと違います。/これは頼んでいません。

ランドリー、その他いろいろ困った！

My laundry hasn't been delivered.
洗濯物がまだ戻らないのですが。

When will it be delivered?
いつ仕上がりますか？

There is one item missing.
（頼んだものが）ひとつ足りません。

Can you get this stain out?
この汚れが取れないでしょうか。

★ コインランドリーで機械の使い方がわからない時。

Please show me how to use this machine.
このマシンはどうやって使うのですか？

I put some coins in, but this machine doesn't work.
お金を入れたのに動かないのですが。

Could you refund me, please?
返金していただけますか。

★ 電話をかけ間違えてしまったら。

Sorry, I dialed the wrong number.
すみません、電話をかけ間違いました。

Heritage Le Telfair Golf & Spa Resort (Mauritius)

ホテルでの「困った！」こう伝えれば大丈夫 ～その2～

トラベラー　ホテルマン

何かをお願いする時は「恐縮しすぎず、高飛車にならず」がポイント。説明もあくまでもシンプルにとどめます。どんな場合でも感情的にならずに、「あなたの力を借りたい」という気持ちをこめた冷静な対応を忘れずに。

こんな理由で部屋の掃除を頼みたい

I'm sorry, I broke a glass. Could you come and clean right now, please?
すみません、グラスを割ってしまいました。すぐに掃除に来ていただけますか？

OK, wait a moment.
わかりました。少々お待ち下さい。

★ こんな理由も

I have spilled coffee / wine on the floor.
コーヒー /ワインをこぼしてしまいました。

Carpet became dirty (because of rain).
（雨のせいで）カーペットが汚れてしまった。

★ 原因を言いにくい場合は単純にこう言えばOK。

Would you make up my room (now)?
（すぐに）部屋の掃除をお願いします。

Would you change the sheet, please?
すみませんがシーツを替えてください。

予定より早くチェックアウトすることになった

I'd like to check out of the room one day early, please.
1日早くチェックアウトしたいのですが。

Could you refund the unused room charge?
宿泊していない分の払い戻しは可能ですか？

I'm sorry, but we cannot do that.
申し訳ありませんが、できかねます。

May I have a receipt, please?
領収書をいただけますか?

突然、部屋の電気が消えた!?

Excuse me, but the room light suddenly went out.
電気が消えてしまったのですが。

Sorry for the inconvenience. There is a power outage.
ご迷惑をおかけして申し訳ありません。停電のようです。

How long will it last?
どのくらいかかりそうですか?

Sorry, but I'm not sure.
ちょっとわかりません。

我慢できない時のクレームは

The next room is very noisy. I can't sleep.
隣の部屋がうるさくて眠れません。

There is someone making a noise in the corridor.
廊下で騒いでいる人がいるのですが。

I have received a number of strange phone calls.
何度も変な電話がかかってくるのですが。

The air-conditioner / elevator makes a noise all night, and I couldn't sleep at all.
エアコン/エレベータが一晩中うるさくて、全然眠れませんでした。

My room smells bad. I am feeling lousy.
変なにおいがして気分が悪いです。

★ 隣の部屋から「静かにして」と言われたら

I am sorry. I'll be careful not to do that again.
すみません、もうしないように気をつけます。

Excuse me but I have nothing to do with it.
身に覚えがありませんが。

Madam Yoko Tips

誰かからクレームを言われた場合、その内容に心当たりがなかったり、こじれそうになったら、自分でなんとかしようとせず、フロントに相談してください。その時、日本語が堪能なスタッフか、日本人スタッフがいたらぜひ対応をお願いしましょう。事態が解明するまでは、うかつに「I'm sorry」と言わないように気をつけて!

体調が悪い時は単語だけでも伝える

トラベラー　ホテルマン

旅先で体調をくずしてしまうことほど心細いことはありません。詳しく説明できなくてもいいので、せめて自分が今どんな状態なのかを伝えられる単語だけでも知っていると、的確な対応をしてもらえるはずです。

体調がすぐれずなんとかしたい

★ まずは最低限の一言を覚えておきましょう。

I feel sick. / My kid feels sick.
気分が悪いのです。/子供の具合が悪くなりました。

I have pain in my ***.**
*****が痛いのです。

「***」にはこんな言葉が入ります。**

- ·歯 — **teeth**　·背中 — **back**　·のど — **throat**
- ·頭 — **head**　·胃·腸 — **stomach**　·ひざ — **knee**

★ もう少し詳しく説明するなら

- ·熱がある — **I have a fever.**　·めまいがする — **I feel dizzy.**
- ·風邪を引いた — **I have a cold.**
- ·咳が止まらない — **I can't stop coughing.**
- ·下痢をしている — **I have diarrhea. / I have a slight stomach problem.**
- ·頭痛·腹痛がひどい — **I have a bad headache. / stomachache.**

怪我をしてしまったら

I twisted my ankle, and it's swollen.
ねんざをして足が腫れている。

I cut my finger, and it won't stop bleeding.
指を切って血が止まらない。

An insect bit me.
虫に刺された。

I have got a rash for ***.**
*****でかぶれてしまった。

I have a strained back.
ぎっくり腰になった。

I have a severe bruise.
ひどい打撲をした。

どうしたいかを相手に伝える

Could you please give me some medicine?
薬をいただけますか?

I would like to take some medicine. Is there a drugstore or pharmacy near here?
薬を買いたいのですが、近くに薬局はありますか?

Would you please call a doctor?
医者を呼んでもらえますか?

Would you direct me to the nearest hospital?
最寄りの病院の場所を教えていただけますか?

★ もう少し詳しく説明するなら

・日本語の通じる病院 — the hospital that has Japanese speaking staff
・旅行保険が使える病院 — the hospital that accepts traveler's insurance

★ スタッフの助けを借りる

Is there anything you need?
何か必要なものはありますか?

Thank you for your kindness. Can I have *****?
ご親切にありがとう。*****をいただけますか?

「***」にはこんな言葉が入ります。**
・ミネラルウォーター — mineral water
・何か軽い食べ物 — a light meal
・氷の入った水をポットで — water with ice cubes in a thermos

★ 救急車を呼んでもらう

I am extremely ill.
ひどく具合が悪いのですが。

I can't move by myself.
自分では動けません。

Would you please call an ambulance?
救急車を呼んでくれませんか?

いざチェックアウト 出発前の準備と手続き

トラベラー　ホテルマン

チェックアウト時間のフロントは混雑しがち。思った以上に時間がかかることがあります。フライトに合わせて前日に精算をすませる、またはレイトチェックアウトを利用して、出発までのんびり過ごすのもいいですね。

チェックアウトのその前に

★ 電話で荷物を下ろしてもらうよう頼む

Could you bring my baggage down, please?
バゲッジを降ろしてもらえますか？

★ タクシーを呼んでもらう

Would you call a taxi, please?
タクシーを呼んでいただけますか？

★ チェックアウトの催促の電話が来たら。

OK, I will check out in a minute.
わかりました。すぐにチェックアウトします。

I will check out in 30minutes. Is that OK?
あと30分くらいでチェックアウトしますが、大丈夫ですか？

レイトチェックアウトをお願いする

I'd like to stay here until 4 pm. Is that OK?
4時まで部屋にいたいのですが、大丈夫ですか？

Well, you can stay, but $40 extra will be charged.
はい、お部屋はご利用いただけますが、40ドル追加でかかります。

Can I stay in my room until 6 pm?
6時まで部屋にいてもいいですか？

Sorry, but you can stay until 2 pm. After that time, there will be an additional charge.
申し訳ありません、2時まではお使いいただけますが、その後は追加料金がかかります。

That's fine. How much extra?
それで構いません。追加料金はいくらですか。

早朝出発のため、事前に精算したい

I have to leave here at 4 o'clock tomorrow morning. So can I check out now?
明日の朝4時に出発なので、今精算したいのですが。

※上記のような場合、対応はホテルによって異なります。精算用としてクレジットカードナンバーを伝えている場合は、追加請求はカードにチャージできるため受け付けてくれる場合があります。そうではない場合、チェックアウトの手続きをした後に電話などを使われたりするのを防ぐため、受け付けないことが多いようです。

I'm leaving early tomorrow morning. Please have my bill ready.
明日の朝早いので、請求書を用意しておいてくれませんか？

We are open 24 hours, so you can check out tomorrow morning.
フロントは24時間開いていますので、明日の朝でもチェックアウトできますよ。

What can I do with my key?
ルームキーはどうすればいいですか？

You can leave it at the reception / in the room.
フロントに/部屋に置いていってください。

延泊を希望するには部屋の確認を

I'd like to stay here two more nights.
もう2泊したいのですが。

Do you have any rooms available?
お部屋は空いていますか？

Yes, but you will have to move, because your room has been reserved.
はい、ただ別の予約が入っているため、お部屋を移動していただきます。

How much extra do I have to pay for the new room?
新しい部屋はいくらですか？

Do you have any discount rates?
何かお得なレートがありませんか？

早朝出発のための前夜精算は、チェック後に電話代やミニバーなどの利用の恐れがあるため、ホテルによっては受け付けてもらえないことがあります。ただし事前にクレジットカード番号を伝えてある場合は、チェック後に発生した請求は自動的にそこにチャージされるようになっています。

請求明細はしっかり確認 間違いを直すなら今！

トラベラー　ホテルマン

たとえどんな高級ホテルでも、渡された請求書にはじっくり目を通し、おかしな点があったら必ず確認しましょう。その場でサインしてしまったら、あとで何かあっても修正は困難です。請求書は帰国後も一定期間は保管を。

請求書の疑問は、その場で確認

Hi! Check out, please.
チェックアウトをお願いします。

Here is your bill.
かしこまりました。こちらが請求書です。

What is this charge for? / What is this amount for?
この金額は何ですか？

I had nothing from the minibar.
ミニバーは利用していません。

I consumed only 2 beers, not 4.
飲んだビールは2本だけで、4本ではありません。

I didn't make this call. I was out at that time.
この電話は使っていません。外出していましたから。

I didn't use any pay channel.
有料チャンネルは見ていません。

I think this amount for "room service" is not correct.
ルームサービスの金額が間違っています。

This is not my signature.
これは私のサインではありません。

I paid the restaurant bill on the spot. I did not charge it to the room.
レストランの代金はその場で支払いました。部屋付けにはしていません。
（支払い時のレシートがあればそれを見せる。）

This *** is charged twice. Please check it again.**
この＊＊＊＊＊が二重請求になっています。もう一度確認してください。

I paid my room charge by pre-paid voucher. So this "room charge" is wrong.
宿泊代はプリペイドバウチャーで支払済みですので、この「ルームチャージ」の項目は誤りです。

★ こんなことも頼めます。

Could you please make another receipt for the ***?**
*****代は別の請求書にしてください。

I'd like to pay 300 dollars in cash and the rest by credit card, please.
300ドル分は現金で、残りはカードで支払いたいのですが。

クレジットカードのコピーを破棄してもらう

Would you please void the copy of my credit card?
クレジットカードのコピーを破棄していただけますか?

To avoid future problems, may I have my credit card slip?
後で問題がおきないように、クレジットカードのコピーをいただいてもいいですか?（自分で破棄する場合）

★ そして感謝をこめて最後のひと言を！

It was a great stay. I enjoyed it a lot!
素晴らしい滞在でした。とても楽しかったです。

Certainly I will come back again.
また、ぜひ来たいと思います。

Thank you for everything.
いろいろありがとう。

Grand Hotel Villa Castagnola Au Lac (Lugano)

チェックアウト後も快適ホテルライフは続く

トラベラー　ホテルマン

出発までに時間がある時、別の場所に移動したあとでまた戻ってくる時などは、チェックアウト後でも荷物を預かってもらうことができます。そうすれば行動も身軽に。貴重品を預ける時は具体的に保管方法を指示しましょう。

チェックアウト後も荷物を預かってもらう

Would you keep my baggage until I leave?
出発まで荷物を預かっていただけませんか?

OK, here is your stub(ticket). Please keep it with you.
かしこまりました。この半券をお持ちください。

★ 預かってくれる場所が別にある場合

The storage is on the ground floor. Please go down by the elevator there.
保管庫は1階ですので、そちらのエレベーターで降りてください。

★ 一度チェックアウトして、また数日後に戻って来る場合

Would you keep my baggage for three days? I'll be back here again.
また3日後に戻ってくるのですが、それまで荷物を預かってもらえますか?

This is fragile. Could you handle carefully, please?
割れ物が入っているので丁寧に扱ってください。

Thank you for being careful.
お気遣いに感謝します。

忘れ物をした!

★ すぐ気がついた場合

I left something in my room. May I get it?
部屋に忘れ物をしました。部屋に取りに戻ってもいいですか?

★ あとで気がついて連絡する場合

I think I left my camera in my room. Would you check it, please?
部屋にカメラを忘れてきたと思うのですが、調べてもらえますか?

Could you please tell me if anyone found a cell phone in the safe?
どなたか室内金庫で携帯電話を見つけなかったでしょうか。

Yes, we have it.
はい、確かにお預かりしています。

★ **自力で取りにいけるなら**

I will come back to pick it up in 2 days. Thank you for taking care of it.
2日後に取りに行きますので、よろしくお願いします。

★ **もう日本に戻ってしまったら**

Would you please send it to my home address?
自宅に送っていただけますか?

OK, we will send it by FEDEX.
かしこまりました。FEDEX便で送ります。

Thank you! I will e-mail and tell you my address.
ありがとう! それではEメールで住所をご連絡します。

Would you mind us sending it COD(cash on delivery)?
着払いでも構いませんか?

No problem! Thank you for taking the time to attend this matter.
もちろん!お手数おかけしますが、よろしくお願いいたします。

Madam Yoko's Tips

忘れ物を受け取ったら必ずお礼の電話かメールを。なお現金だけは、国際法の規定により郵送することが禁じられています。振込だと手数料がバカにならないので、何らかの証書を交換して次回の訪問まで保管してもらうか、別の人に頼んでピックアップしてもらうしか方法はありません。チェックアウト前の確認は、くれぐれも念入りに行ってください。

Mandarin Oriental Hyde Park London (London)

ホテルで役立つ単語帳

◎ちょっとした会話に便利な言い回し

- ～を教えていただけますか？（お伺いしたいのですが。）
  Could you tell me ～ ?
  May I know ～ ?
  I would like to know ～ .
- ～をしていただけますか？（丁寧に頼むとき）
  Could you please ～ ? / Would you please ～ ?
  （例）**Could you please come and fix it now?**
- ～は、ありますか？
  Do you have ～ ?
- ～は利用できますか？
  Do you have ～ available?
- ～の使い方を教えていただけますか？
  Would you please tell me how to use ～ ?
- ～を持ってきていただけますか？
  Would you please bring me ～ ?
  ※～に入るもの：（例）**another set of towels, razor, hair dryer** 等
- どう読めば（発音すれば）よいですか？
  How do you pronounce it?
- すみません、もう一度お願いします。
  I beg your pardon. （語尾を上げる）
  I'm sorry I'm not with you. Would you please say it again?
- （ちょっと説明が早すぎる時）
  すみません、聞き取れませんでした。もう少しゆっくりお話いただけますか？
  I'm sorry I can't catch up with you.
  Could you please speak a little bit slowly for me?
- AとBの違いは何ですか？
  What is the difference between A and B?
- これは無料ですか？
  Is this free of charge? / Is this complimentary?
- ～が動かない（機能しない）のですが。
  ～ doesn't work.
  ※～に入るもの：（例）**TV, air-conditioner, hair dryer, coffee machine**、等
- ～が壊れています。
  ～ is broken. / ～ is out of order.

■部屋の種類に関する単語・表現

禁煙室	a non smoking room	本　館	main building
喫煙室	a smoking room	新　館	new wing
禁煙フロア	non smoking floor	別　館	annex
静かな部屋	a quiet room	旧　館	old wing
エレベーターの近く	a room near the elevator		
バスタブ付きの部屋	a room with the bathtub	エキストラベッド	extra bed / rollaway
眺めのよい部屋	a room with a nice view	ベビーベッド	baby cot
ツインベッドの部屋	a twin-bedded room	ソファーベッド	sofa bed
隣り合った部屋	an adjoining room		

■ホテルサービス

コンシェルジュ	concierge	ツアー手配	tour desk
バトラー	butler	クリーニングサービス	valet laundry
ルームサービス	room service	ドライクリーニング	dry cleaning
レンタカー	rent-a-car	ホテルドクター	hotel doctor
両替サービス	currency exchange	ベビーシッター	baby-sitting / child care

■客室設備

エアコン	air conditioner	室内金庫	in-room safe
ケーブルテレビ	cable TV	ボイスメール	voice mail
衛星放送	satellite TV	室内ファックス	in-room FAX
有料チャンネル(映画等)	pay TV	新聞サービス	newspaper delivery
目ざまし時計	alarm clock	ワイヤレスインターネット	wireless Internet access

●キッチンまわり

冷蔵庫	refrigerator	ミニバー	mini-bar
電子レンジ	microwave	コーヒー/ティーセット	coffee / tea facilities
フルキッチン	full kitchen	食器類	cutlery
キチネット	kitchenette	調理道具	cooking gadgets / cooking tools

●バスルームまわり

バスローブ	bathrobe	洗濯用洗剤	detergent
スリッパ	slippers	靴磨き	shoe shine
洗濯機	washing machine	バスタブ	bathtub
ヘアドライヤー	hair dryer	アイロン＆アイロン台	iron & ironing board
シャワーキャップ	shower cap	ズボンプレス	trouser press

トイレ　bathroom / washroom / restroom / gents（男性用）/ ladies（女性用）

海外出張 成功の鍵はホテルにあり! 別冊
発行：ダイヤモンド・ビジネス企画　発売：ダイヤモンド社

はじめに

「グローバルビジネス」「グローバル人材」といった言葉が世の中にあふれる現在、「海外出張」は誰にでも起こりうる身近な業務の一つとなりました。海外旅行に慣れている皆様にとっては、飛行機の手配もホテルの予約も、特に難しいことはなく、簡単に済ませられることでしょう。でも、ちょっと考えてみてください。あなたが選んだそのホテル、本当にビジネスにプラスになっているのでしょうか。

海外では、宿泊しているホテルのランクがそのまま企業のイメージとして判断されることも少なくありません。コスト優先で低価格のホテルを選んでしまうと、商談相手から「その程度」の企業と判断されてしまうことも。また、ホテルには素晴らしい施設やサービスなど「ビジネスに使える」資源がたくさんあるのですが、それを活用している日本人ビジネスパーソンは残念ながらさほど多くありません。

そこでこの本では、海外出張を成功に導くためのホテルの選び方からホテルの活用方法、そして、クレームの上手な伝え方、チップのルールやスマートな払い方など、ホテルという設備をフルに活用するための具体的なノウハウをご紹介します。トラブルを未然に防ぎ、ビジネスの成果を最大化するために、ぜひお読みください。

第1章から第3章では、ビジネスステイならではのホテルの選び方のポイントをまとめました。また、オンライン予約の際の注意についても説明しています。

第4章では、ホテル到着後の最初の関門である「チェックイン」を取り上げます。ゲストの評価はチェックインで決まると言っても過言ではありません。チェックインで上客だと思われるコツ、またトラブル発生時の対処法など、ぜひ出張前にご一読ください。

第5章では、ホテル内の設備の上手な使い方や、日本人にはなじみの薄いコンシェルジュやバトラーといったサービスの使い方についてまとめました。コンシェルジュは旅先の頼れる知恵袋です。活用しない手はありません。

第6章では、日本人が苦手な「チップ」について、その意味やスマートな支払い方について具体的に解説しています。例えば「サービスに不満があったらチップは払わなくてもよい？」。

答えはノー。不満でもチップは払わなくてはならないのです。その理由は本文をご覧ください。

第7章から第9章ではコミュニケーションに焦点を合わせ、いかにホテルスタッフとうまくコミュニケーションするか、また、これも日本人が苦手なことの一つである「クレーム」について、その上手な伝え方を説明しています。

他にも、現役ホテルスタッフが教える上手なホテルの使い方、元一流ホテルスタッフからのアドバイスや出張の達人からの海外ホテル活用術など、コラムも豊富に用意しました。本文とあわせてお楽しみください。


時代とともにホテルの役割は変わり、設備やサービスも変化しています。しかし、根底を流れるもの、つまりホテルとゲストが良好な関係を築き、ビジネスの場としても最大限活用するための基本的な考え方は、大きく変わりません。

この本が、グローバルに活躍するビジネスパーソン、あるいはこれからグローバルに羽ばたこうとするビジネスパーソンの皆様にとって、成功へのワンステップとなれば幸いです。

２０１５年1月

株式会社アップルワールド

目次

第5章　ハードもソフトもフル活用しよう！……91

第6章　おさえておきたいチップの常識……121

第1章

ホテルは効果的なセルフプロデュースツール

滞在ホテルで企業イメージが決まる

海外の企業は、想像以上にコーポレートイメージを大切にしています。オフィスの立地からインテリア、果てはスタッフのファッションにまで暗黙のルールを設けているところも少なくありません。しかし海外での商談ともなれば、自慢のオフィスで企業力をアピールするわけにはいきません。

そこで、企業がコーポレートイメージの象徴として利用するのが、高級ホテルです。商談の場としてだけでなく、高級ホテルに滞在する予算を持っているということは、企業にとって大切なステータス。そのクラスを利用できるレベルの企業だと判断され、ビジネスが有利に進むこともあるのです。

実際に、出張で高級ホテルを利用する海外のビジネスパーソンは、自分が滞在しているホテルに商談相手を招き、ブレックファストミーティングやランチョンミーティングをセッティングするケースがよくあります。これは高級ホテルを自在に利用できる自分の企業が、いかに優良かということをアピールする戦略の一環でもあります。

欧米の大都市で朝を迎えたのなら、一流と呼ばれるホテルのブレックファストルームをのぞいてみるといいでしょう。カトラリーが美しくセッティングされたテーブルのあちこちで、プレスの利いたスーツを身にまとったビジネスパーソンが、優雅かつアグレッシブに商談を交わしている光景を目の当たりにするはずです。

初対面の相手と会う場合、どんな国でもまず重視されるのは「見た目」かと思います。「見た目」とは、顔かたちやスタイルの善し悪しではありません。服装や持ち物などの「身だしなみ」、歩き方や挨拶の仕方といった「立ち居振る舞い」のことを意味します。海外のビジネスパーソンが商談の際に、できるだけ上等のスーツを着、高級時計や靴を身に着けようと心がけるのは、「見た目」で自分の印象が大きく左右されることを実感として知っているからです。高級ホテルもまた、こうしたビジネスパーソンにとっては、ファッションアイテム以上に効果的なセルフプロデュースツールとなるわけです。

一方、日本人ビジネスパーソンは「予算が許すなら飛行機はビジネスクラスに乗りたいけれど、ホテルは寝るだけなので安いホテルで十分」と考えがちなところがあります。しかし予算を配分できるのであれば、飛行機はエコノミークラスでも、ホテルはハイクラスを選ぶほうが、はるかにメリットがあるように思いませんか？　先の例でもわかるように、高級ホテルに滞在することはビジネスパーソンにとってのステータス、一流の人間であることの名刺代わりになる重要なツールだからです。

たとえ相手を招かなくとも、雑談の中で、どこのホテルに泊まっているかは必ず話題にのぼります。もしくは送迎や接待のために、相手に伝える必要もあるでしょう。ということは、海外からの出張者を迎える側も、商談の相手がどんなホテルに泊まっているかに注目していると思って間違いありません。

滞在している高級ホテルの名前を告げた時の相手の様子を、ひそかに観察してみてください。感嘆と羨望を明らかにしなくとも、微妙に一目置いた態度になることは確実です。

また、あなた自身も高級ホテルに滞在しているという自信が知らず知らずのうちに態度に表れ、初対面の相手でも気後れすることなく向き合えるようになることでしょう。高級ホテルは、あなたを精神的にも支えてくれる頼もしきセクレタリーでもあるのです。

Fifth Avenue Entrance/The Plaza (New York, U.S.A.)

リスクは徹底的に避ける

ビジネスで海外に行く以上、少しでも仕事に支障が出るようなリスクは徹底的に避けなければなりません。ホテル選びにもそれが当てはまります。

ホテル選びの際に一般的に最重要視されるのは、やはり予算かと思います。少しでも割安なほうが好ましいのは、いかなる会社でも同じこと。でも、価格だけで選んだホテルには、思わぬリスクが潜んでいます。

第一のリスクは、ホテル自体のクオリティが低いこと。建物から設備、スタッフやサービスのレベル、客室の機器・備品にいたるまで、あくまでもその金額に見合ったものしか望めません。シャワーのお湯が満足に出ない、壁が薄く隣の部屋の音がうるさくて眠れない、電球が切れてしまっても交換の人がなかなか来ない……、そんな環境では、十分な成果が出せるべくもありません。

また、セキュリティの面でも不安が残ります。スタッフが少なければ目が行き届かないこともあるでしょうし、地図上では便利そうな場所に見えても、周囲の治安が良くない場合もあるのです。

第二のリスクは、万一のトラブルの際に十分な対応が望めないことです。例えば、海外のホテルでは決して珍しくない「オーバーブック」に遭遇してしまった場合（オーバーブックについて詳しくはP．88を参照してください）。そのホテルが自他共に認める「一流」であるならば、それほど心配することはありません。スタッフは全力で対処にあたり、同等クラスまたはよりランクの高いホテルの客室を確実にアレンジしてくれるでしょう。もしあなたが納得しなければ、丁寧にヒアリングし、できる限り希望に沿ったホテルを探してくれるはず。それが「一流」のサービスでありプライドです。

しかし、あなたが予約していたのがエコノミークラスのホテルだったとすれば、話は少々違ってきます。こうしたホテルに一流ホテル並みの対応を求めるのは最初から無理な話。最終決定権を持たないシフトマネージャーに、一方的に代替ホテルを指定されるケースがほとんどでしょう。ゲストの都合や要望はまったく考慮されません。もし納得できずに粘ってみても、

「それなら、どうぞご自分でお探しください」とクールに言われておしまいです。

しかもオーバーブックが発生するのは、ほとんどが深夜です。日本ならばいざ知らず、見知らぬ土地で、しかも真夜中にいきなり思うように動ける人はまずいません。何の手立てもないまま路頭に迷ってしまうか、最悪の場合には犯罪や深刻なトラブルに巻き込まれる可能性もあります。こうした点からも、海外出張のホテル選びには「お金で安全を買う」という意識が欠かせないのです。

企業の代表として海外に赴くわけですから、常に万全の態勢でビジネスに取り組むことが最優先。海外出張で高級ホテルをおすすめするのは、こうしたさまざまなリスクを回避するためでもあるのです。

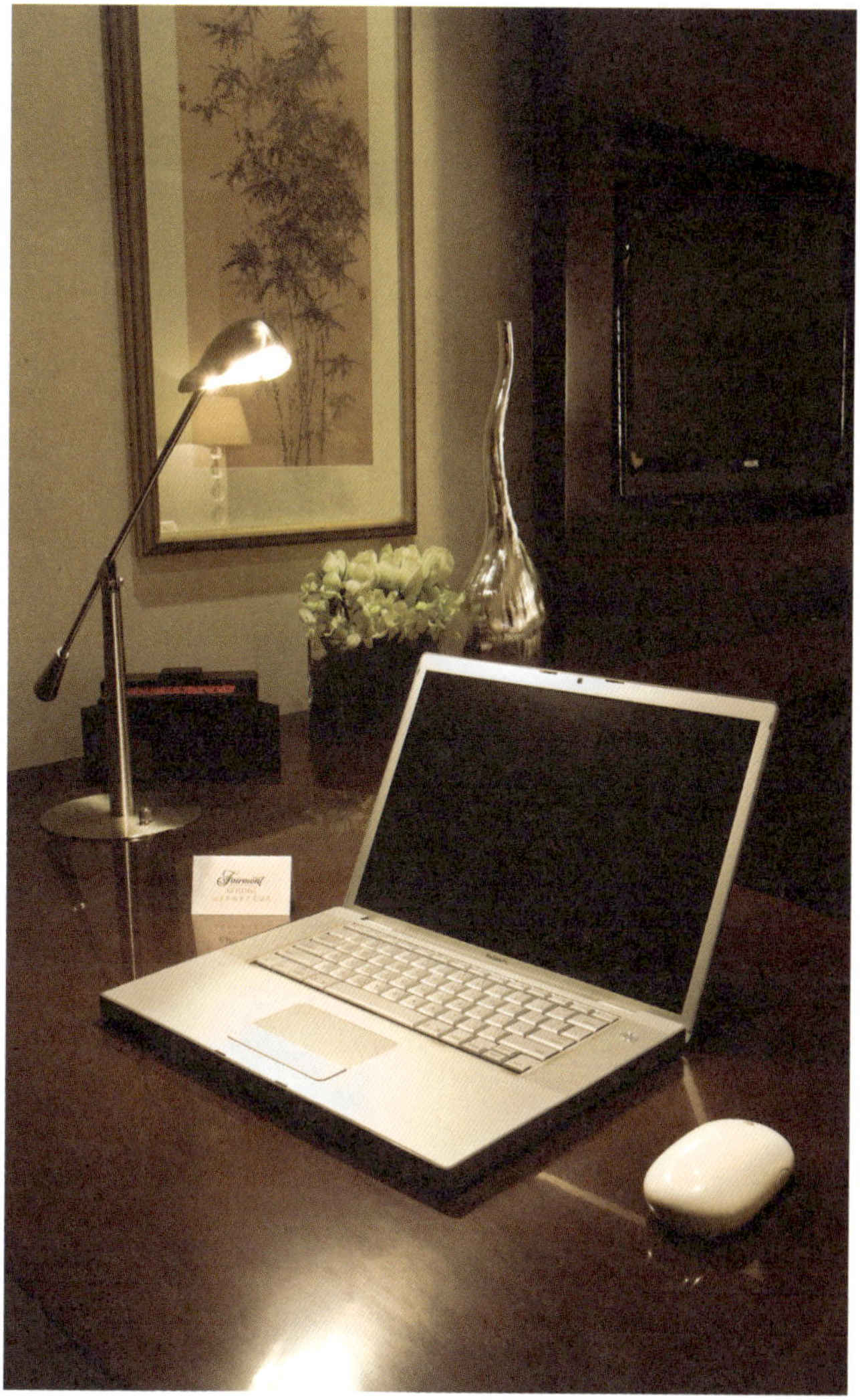

Guestroom/Fairmont Beijing (Beijing, China)

ピーク時こそ問われる準備力と対応力

学会や国際会議、大型イベントなどの開催時は、ホテルはクラスに関係なく大混雑。予約するのに苦労するだけでなく、料金も信じられないほど高騰します。またチェックイン後も、混み合うがゆえに予定通りに進まないことが多く、何かとイライラさせられるのがピーク時のホテルです。

でもビジネスであるからには、どんな過酷な状況でも十分な成果を出さなければなりません。そのためには、何といっても十分な情報収集と、もしもの時の「代替案」を考えておくこと、そして万一予定通りに進まなくても、臨機応変に柔軟な対応ができることが重要です。

例えば、朝食時間に、朝食用レストランが大行列でなかなか入れない。ルームサービスを頼んでも、来るまでには相当な時間がかかってしまうような場合。朝食が遅れたせいでアポイントに遅れでもしたら、その時点で気持ちが萎縮してしまい、言いたいことも言えなくなってしまいますよね。これでは十分な成果は上げられません。

そうならないためには、どうすればよいのでしょうか。

それは、何といっても「情報収集力」と「代替案」です。まずホテルに着いたら、レストランの場所を確認しがてら、スタッフに混み合う時間帯を聞いてみます。もし団体客が入っていればその時間は避け、混み合う前にレストランに入るようにすれば並ばずに済みます。また、万一朝食レストランが行列だったときのことを考えて、周辺にデリやコンビニエンスストアがないかを事前にチェックしておきます。近くにコンビニがあれば、レストランに並ぶのはやめてコンビニに切り替えることができます。なお、お店をチェックする場合は営業時間の確認も忘れずに。必要なときに閉まっていたのでは、せっかくの代替案も役に立ちません。

また、混み合う時期はオーバーブックなど致命的なトラブルが発生する可能性も高くなります（オーバーブックについて詳しくはP．88をご覧ください）。オーバーブックを避けるためには、早めにチェックインすること。また滞在中もホテルスタッフとのコミュニケーションをまめにして、必要かつ重要なインフォメーションを素早く確実に入手するよう心がけましょう。情報が遅れると対策が後手に回ってしまい、望むような結果が得られないことも多くなります。

チェックアウトも早めに済ませることをおすすめします。時間になってフロントに降りてみたら大行列では、飛行機の時間が気になりイライラして精神的にもよくありません。

このように、ピーク時は何かと面倒でトラブルが起こりがちです。もし早めに調節できるのなら、混雑期を避けて出張計画を立てたほうが、予算的にも業務的にも安心です。どうしてもその時期に、その場所に行かなければならない場合は、できる限り早い段階でホテルを予約し、キャンセルや再予約などをしないことをおすすめします。

The Royal Plaza Suite Board Room/The Plaza (New York, U.S.A.)

覚えておこう！

クレジットカードのトラブル回避術

「帰国後にホテルから身に覚えのない請求が来た！」といったクレジットカードにまつわる問題が増えています。トラブルを未然に防ぎ、万一起きてしまったときにも対処できるよう、下記を必ず実践してください。

●チェックアウト時に明細書の内容を十分に確認する

請求明細を見るときは「何かしら間違いがあるものだ」という心構えでチェックすることが肝心です。疑問があればその場で質問し、納得するまで説明を受けてください。

●間違いがある場合は、すぐその場で訂正依頼を！

もし請求に間違いがあっても、そのままサインしてしまった場合、あるいはサインをしなくても特に訂正を依頼しなかった場合は、「自分の責任において了承した」とみなされ返金は非常に困難となります。

●帰国後も明細書は一定期間保存する

万一のトラブルに備え、チェックアウト時の請求書は必ず半年程度保管するようにしましょう。ホテルから誤った請求が来てしまった場合でも、その請求書を証明としてカード会社に送ることで、引き落としを止めてもらうことができます。

第2章
ビジネスステイのためのホテル選び

最優先はロケーションの良さ

出張でのホテル選びに重要なのは、何と言ってもロケーションですが、単に「町の中心に近い」「主要な駅に近い」というだけでは不十分な場合があります。

例えば、今回の出張で最も重要な訪問先にいちばん近いところを選ぶ、あるいは万一渋滞に遭っても、タクシーがつかまらなくても、公共交通機関で確実にアポイントに間に合うような場所を選ぶ、といった選び方も必要です。もし渋滞等で先方とのアポイントに遅れてしまったら、焦ったり、申し訳ないという気持ちから萎縮してしまったりで、強気の交渉などできなくなってしまうからです。ビジネスで最大限の成果を出すためには、そういったリスクを最小限にしなくてはなりません。

さらに、ホテルから地下鉄や鉄道駅、バス停へは効率よくかつ短時間で移動可能か、必要なときにすぐタクシーを確保できるか、夜中の帰館でも安全なエリアにあるか等々、限られた時間の中で多くの仕事をこなさなければならない海外出張では、こうした交通の利便性を最優先で考慮する必要があります。

複数都市を訪問する出張ともなれば、大荷物を抱えての移動になるため、交通アクセスの良さはますます重要です。早朝に空港や鉄道駅に向かわなければならないのに、滞在しているのが低価格に引かれて選んだ不便な場所にあるホテルだとしたら、結果的に時間も経費もかさむことになり、精神的な負担も大きくなります。

ちなみに、空港までのシャトルサービスの有無も事前に確認しておきたいポイントです。無料で提供しているホテルもありますし、たとえ有料だとしても滞在ゲスト専用なので安心。交通手段の個人手配が難しい場所では、積極的に利用しましょう。ただし、交通事情は国やその土地によってさまざまです。常に正確な運行がなされるとは限りません。余計なイライラで疲れてしまわないよう、気持ちと時間に余裕を持つことを忘れずに。

Wi-Fi環境は速度をチェックせよ

いまやスマートデバイスはビジネスマンの必携アイテム。海外出張時は特に、限られた日程の中で確実な成果が求められるため、プライベートタイムでも常にメールをチェックし、迅速に対応できる状況を整えておかなければなりません。中でもホテルのＷｉ-Ｆｉ接続環境は、仕事の質を大きく左右する重要なポイントです。

ところがホテルのインターネット接続は、３スタークラス以下のホテルでは無料というところがほとんどなのに対し、高級ホテルであればあるほど接続は有料、なおかつ高額という傾向にあります。高級ホテルではＷｉ-Ｆｉ接続も「サービス」の一つ、そしてサービスは何事も「有料」ということなのでしょう。

ビジネスステイの場合は、インターネット接続の有料・無料にこだわるよりも、接続のスピードに目を向けましょう。地域的なインフラ整備の差もありますが、高級ホテルだからハイスピードだと安心してはいけません。また、使用可能な場所にも注意。Ｗｉ-ＦｉはレストランやロビーなどパブリックエリアのみＯＫで客室では使えない、あるいは有料という場合もあります。ホテル選びの段階から、ホテルのサイト等でインターネット環境も忘れずチェックを。チェックインしてから「使えない」では、スマートデバイスを持参した意味がありません。不確実な場合は、ホテルに直接確認するくらいの入念さも必要です。（※）

※　なお、ホテルのインターネット環境は日々変化していますので、常に最新の情報で確認するようにしてください。

Concierge/Shangri-la Bosphorus (Istanbul, Turkey)

知っておきたいベッドの知識

宿泊するホテルが決まったら次は客室です。ビジネスステイであることを大前提に、自分が求める条件を満たす部屋を選びましょう。

その前に、ホテルの客室について、日本で通用している客室タイプと海外の呼称が一致しないことを知っていますか？　予約の際にミスしないよう、各ルームタイプの意味について再度おさらいしておきましょう。

シングル

「シングルベッドが1台の部屋に1人で泊まること」を意味します。ダブルベッド1台の部屋に1人で宿泊する、またはベッドが2台ある部屋に1人で宿泊することは「(ツイン、またはダブルの）シングルユース（または「ソロユース」「ソールユース」)」といい、この場合の料金は「ダブル」もしくは「ツイン」の料金が適用されます。

ダブル

「ダブルベッド、クイーンサイズベッドまたはキングサイズベッドが1台置かれた部屋に2人で泊まること」を意味します。1人で利用する場合も「ダブルルームのシングルユース」といい、「ダブル」の料金が請求されます。

ツイン

「ベッドが2台ある部屋に2人で宿泊すること」を意味します。ただし、英語で「ベッドが2台ある部屋」を確保したいなら、「ツインルーム」と言うだけでは説明不足。必ず「Twin-bedded Room／Room with two beds（ツインベッド仕様の部屋／ベッドが2台ある部屋）」と伝えましょう。ツインの仕様には、シングルベッド2台を密着して並べる「ハリウッドツイン」、ベッドは1台なのに敷布団と掛け布団がセパレートになっている「ジャーマンツイン」

と呼ばれるタイプもあります。

トリプル

いちばん誤解されやすいのが、この「トリプル」です。トリプルとは「ツインルームまたはダブルルームに3人で宿泊すること」を意味します。ベッドはクイーンサイズベッド2台、もしくはキングサイズベッドが1台、またはクイーンサイズベッド1台＋シングルサイズベッド1台という組み合わせ。「トリプル＝ベッドが三つ」ではありませんのでご注意ください。地域によっては、シングルベッド3台という仕様もありますが、それほど多くありません。

クアッド

「ダブルルーム、またはツインルームに4人で泊まること」を意味します。ベッドの数は、キングサイズベッド1台またはクイーンサイズベッド2台となるのが一般的。添い寝可能な年齢の子どもを同伴するファミリーユースが一般的です。

Bathroom/Shangri-la Hotel, Singapore (Singapore)

Fairmont Room/Fairmont Scottsdale (Scottsdale, U.S.A.)

ツインのシングルユースで快適滞在

単独での海外出張の場合、ホテルの部屋もシングルで予約するのが一般的ですが、より快適な滞在の手段として、ツインまたはダブルの部屋を予約してシングルユースで使うというテクニックがあります。

特に客室がコンパクトで、ワーキングデスクに十分な大きさがない場合は大助かり。ツインの部屋なら空いているベッドをサブスペースとして活用できますし、使用中の書類や翌日の資料などを広げたまま就寝できるのも便利です。手を触れてほしくないときは、ハウスキーパー宛てにメッセージを残しておけば問題なし。常に自分仕様に室内をカスタマイズしておけます。

またシングルベッドオンリーの部屋より開放感があることも、ツインやダブルのありがたい点。シングルベッド1台で部屋はいっぱい、スーツケースを開くことはおろか、スーツを満足に収納できるクローゼットもない部屋では、ひと息つくこともままなりません。ただでさえ緊張する海外出張、連泊ともなれば客室の居心地の良さは大切なポイントです。

アメリカ、アジア方面では客室は利用人数ではなく、ほとんどが1部屋単位で料金設定されています。その場合はダブルやツインを1人で使っても2人で使っても料金は変わりません。

使い勝手の悪いシングルルームで我慢するくらいなら、もう少し予算をプラスして、ツインまたはダブルのシングルユースを。ワーキングスペースを確保したいならツインベッド、リラックスした眠りを求めるならダブルベッドというように、目的に応じてルームタイプを選ぶといいでしょう。快適な客室は機能的にも精神的にも、大いにビジネスステイをサポートしてくれるはずです。

機能性はクチコミで情報収集

ホテルの客室は、さまざまな形でカテゴリー分けされています。基本となるのは利用人数ですが、専有面積、バスルームタイプ（シャワーオンリー、セパレートシャワーブース付きなど）、内装やアメニティの充実度、そして景観などが付加価値として料金に反映されます。

旅の目的が観光の場合、とりわけリゾートでは、景観の善し悪しが滞在の楽しみを大きく左右するためじっくり検討する価値があります。しかしビジネスステイの場合は、ほぼ終日仕事で外出してしまいますから、景観にこだわる必要はほとんどありません。それよりも気にしたいのが、防音対策と水回り、ワーキングスペースの機能性です。

この点でもアドバンテージが高いのは、やはり高級ホテルの客室です。エコノミークラスのホテルは、ハード（建物）も極力経済的に造られていることが多いため、見た目は清潔で機能的でも、実際に滞在してみると不便だらけということが多々あります。満足に書類も広げられないワーキングデスク、絶え間なく聞こえる隣の部屋や廊下の音、水圧が低くリラックスには縁遠いバスルーム。そんな客室に滞在していては、万全の状態で仕事に取り組めるわけがありません。

こうした客室の機能性は、イメージ写真や説明を見ただけでは判断できません。そこで役立つのが、実際の宿泊経験者によるクチコミです。インターネット上には忌憚《きたん》のない意見が投稿されているので、ホテル選びの重要な判断材料として役立ててみてください。

注意したいのは、感情的なコメントや個人的なエピソードに重きを置かないこと。とかくマイナスなコメントほどインパクトがありますが、あくまでも客観的な感想や、事実だけをすくい上げることが大切です。また滞在の目的が違えば、同じホテルの同じ部屋でもまったく異なるコメントを目にすることもあります。ゲストの滞在の目的など、できるだけたくさんのデータが含まれている情報を参考にしてください。

クラブフロアのすすめ

「クラブフロア」もしくは「エグゼクティブフロア」とは、通常に比べ設備やサービスがワンランクアップする客室カテゴリーが配置されたフロアのこと。一般的に特別階（上層階や角部屋）に設けられています。

そもそもクラブフロアは、シティホテルがビジネスパーソンの確保とリピート率をアップするために考案したプログラムといわれていますから、ビジネスサポート的なサービスが充実しています。

代表的なものが専用ラウンジの開設です。チェックイン／アウトはこの専用ラウンジで行なわれ、一般のゲストのようにレセプションに並ぶ必要はありません。またラウンジには朝食から軽食、カクテルまで、終日無料のミールサービスがあります（※）。仕事で疲れて帰館した後、わざわざ食事に出なくてすむので面倒がなく、経済的にも助かります。また専用コンシェルジュが常駐し、プリントアウトやファクス送信など各種手続きをサポートしてくれることもあります。

クラブフロアの客室は、アメニティ類は品数・品質ともにアップグレード、ウエルカムフルーツやドリンクが置かれ、ミニバーや有料チャンネルが無料ということも。もちろんインターネット接続は無料。ビジネスパーソンが多いクラブフロアは接続環境も良好なことが多いようです。

他にもプレスやドライ以外のクリーニングが無料だったり、ジムやプールの利用が無料、スパのマッサージやトリートメントの優待、レストランの割引など、館内施設を利用する際の特典がふんだんに付与されることがあります。ゲスト専用のミーティングルームが無料になるなども、利用価値のあるサービスといえるでしょう。

高級ホテルは何をするにも「有料」が当たり前ですから、朝食やＷｉ-Ｆｉ接続が無料、さらにワイシャツの無料クリーニングサービスでもあれば、通常の客室との差額分など、すぐに元が取れるはず。クラブフロアは、実はコストパフォーマンスの点でも優れているカテゴリーと言えるのです。絶対に失敗できない商談があるときや、静かで落ち着いたビジネスステイを求めるなら、クラブフロアを選んで損はありません。

※　ご予約時のプランによっては、客室はクラブフロアだけれど朝食は付かない、あるいはラウンジが利用できない等の制限が付いている場合があります。これは、ホテル側がさまざまなバリエーションのプランを用意することで少しでも価格を下げたり、多様なニーズを取り込もうとする最近のトレンドといえます。ご予約の際はそのプランに何が含まれるのかを十分に確認しましょう。

Butler Service/The Plaza (New York, U.S.A.)

「星の数」は絶対ではない

ビジネスパーソンにとって、海外出張で滞在するホテルは疲れを癒やす家であり、私的なオフィスであり、商談を成功させるための舞台ともなる重要な場所。もっと言えば、商談相手があなたやあなたの会社の格を判断する基準にさえなるツールです。

そんなホテルを選ぶ一つの基準が「星の数」ですが、もともとホテルの星の数は、「絶対的なもの」ではありません。というのも、「世界的な統一基準」が存在しておらず、国やエリアごとに異なる評価がなされているからです。

例えばアメリカならアメリカ自動車協会（ＡＡＡ）によるダイヤモンドの数、イギリスはロンドン観光庁によるクラウンの数、フランスなら政府観光庁によるＨマークと星の数……等々。これらは皆国ごとの指標であり、その基準は国によって異なります。このため、アメリカでは３ダイヤモンドなのにイギリスでは５クラウンといった、判断に困る現象も起きてしまいます。

またホテルの格付けは、基本的にハード面（施設や設備の有無など）が基準となり、ソフト（サービス）面が考慮されることはほとんどありません。ということは、建物は少々古くとも素晴らしいホスピタリティを提供してくれるホテルよりも、サービスレベルは低くても新しいホテルのほうが高い評価になることもあり得るのです。

さらに近年は非常に個性的でユニークなホテルがたくさん出てきており、一概に「星の数」だけでは判断しにくくなってきました。例えば客室は非常にグレードが高いのに、プールがないといった理由で3つ星になるようなケースもあれば、逆に4つ星だけれど期待していた設備がないといったケースも。

そんなときに頼りになるのが、インターナショナル系のチェーンホテルです。チェーンホテルは、それぞれが統一基準を持ち、常にハード、ソフトの両面をチェックする管理体制を確立していますので、国・地域に関わらず当たり外れがないという安心感があります。特に4つ星、5つ星クラスのチェーンホテルであれば、ビジネス利用にも十分なスタンダードであると判断してよいかと思います。

Chaillot Suite Breakfast/Shangri-la Hotel, Paris (Paris, France)

また「ルレ・エ・シャトー（※1）」「ザ・リーディング・ホテルズ・オブ・ザ・ワールド（※2）」などのように、独自の厳格なルールを設け、それを満たすホテルのみをグルーピングする組織もありますので、それらも参考にしてみてください。

※1　ルレ・エ・シャトー：1954年にフランスで誕生した、世界的権威を持つホテル（レストラン併設）とレストランによる会員組織。厳格な審査をクリアした加盟店は2014年現在で64カ国約515施設。
URL：http://www.relaischateaux.jp/

※2　ザ・リーディング・ホテルズ・オブ・ザ・ワールド：2014年で創立86周年を迎えた、高級ホテルやリゾートなど80カ国で430施設以上が加盟するホテルグループ。
URL：http://jp.lhw.com/

出張の達人直伝！
海外ホテル
活用術①

仕事後のリラックスにジムを活用

プロフィール

武部 光子

「もっと自由に旅したい！」という思いで仕事を辞め、アジア・オセアニア方面を１年かけてバックパック旅行。その後、オプショナルツアーを扱う会社に入り、新たな旅の楽しみ方を提案すべく、世界各地のオプショナルツアーを発掘、紹介している。海外出張は年に５～６回。All About（オールアバウト）で「オプショナルツアー ガイド」として記事を執筆中。(http://allabout.co.jp/gm/gp/1568/)

海外出張の際のホテルは、特に会社から指定されることはなく、毎回自分で選んでいます。もちろん予算があるので、その範囲内に収まることが大前提ですが、それ以外で重視しているのは、ホテルの立地。駅からの距離や周辺の治安といったコンディションです。

あまり治安がよくないといわれているエリアであれば、たとえ鉄道や地下鉄駅へのアクセスがよく、料金が予算の範囲内であっても、候補リストから外します。仕事柄、移動や帰館が深夜になることも多いので、リスクやストレスは少ないに越したことはないからです。

もう一つのポイントは、ホテルの清潔度。これは写真だけではわからないので、クチコミを入念にチェックして判断しています。「不潔」という表現があった場合は、やはり予約対象外。特に同年代の女性のコメントは、感覚的に近いこともあり参考になります。

滞在中は仕事のため外出していることがほとんどなので、特にホテル内の施設についてのこだわりはありませんが、敢えて言えば、ジムの有無はチェックします。数日の出張なら問題ないのですが、長期ともなると、どうしてもストレスがたまってきます。

そんなとき、自分の好きな時間に出向いて手軽に汗を流せるジムはリラックス効果抜群。1週間の滞在なら2～3回はジムに足を運び、30分ほどトレッドミルでランニングします。今はジムが24時間利用できるホテルが増えているので、深夜や早朝だけでなく、長距離フライトによるジェットラグ（時差ぼけ）

の解消にも役立てています。

　また、意外と利用頻度が高いのがビジネスセンターです。ノートパソコンやスマートデバイスは常時携帯していきますが、現地で急に紙の資料のプリントアウトが必要になることも少なくありません。

　さらに、署名入りの契約書などを早急にファクスで先方に送らなければならないこともあり、こういう場合、ホテルのビジネスセンターならすぐ対応してくれますし、セキュリティ面でも安心です。

Office Suite B, Kerry Hotel Pudong (Shanghai, China)

海外出張の際に忘れずにスーツケースに入れるのがフェイスマスクと粉末の青汁。ホテルの部屋は乾燥しているので、スキンケアは怠れません。青汁は海外での野菜不足を手軽に補ってくれるので、健康管理のために持っていくようにしています。

覚えておこう！

「プリオーソライゼーション」に要注意！

「プリオーソライゼーション」とは、提示されたクレジットカードが正しく使われているかを確認するために、チェックイン時に一度「仮チャージ」をすること。

通常はカードが不正でないかの確認だけなのですが、中には実際にカードに一定金額をチャージしてしまうところもあります。つまりチェックイン時に一定額がチャージされ、チェックアウト時に差額が「リファンド（払い戻し）」されることになります。

その結果、お客様が受け取るカード明細には、チャージ分とリファンド分の2本が記載される可能性があります。さらに、もしカードの締め日を挟んでしまった場合、チャージ分だけが先に来てリファンド分は「次の締め日」となることも。こうなると不当な請求なのかタイミングが悪いだけなのかわからず、本当に困りものです。

またチェックアウト時にもより慎重な確認が必要になります。明細書には仮チャージの金額と実際に使った金額、その差額などが並び、非常にわかりにくくなることがあるためです。不明な点はその場で質問し納得がいくまで確認するようにしてください。

第3章

客室予約の常識・非常識

海外では同性でも同室に泊まらない

日本人は海外パッケージツアーの「1部屋2人利用」というスタイルに慣れているせいか、ツインの部屋を家族以外の人とシェアすることに抵抗のない人が多いようです。このため、国内・海外を問わず出張の際も、「予算節約のため」「連絡が便利だから」と、同僚や上司と同室に滞在するケースは珍しくありません。

しかし海外では、少々事情が異なります。欧米、とりわけヨーロッパでは、赤ん坊の頃から独り寝をさせるように、どんな場合でも「個人」にはパーソナルスペースとしての「個室」が必要だという価値観が根付いています。そのため、ホテルでは同性でも別々の部屋を取るのが一般的です。

もちろん学生やバックパックの旅ならルームシェアすることはいくらでもありますが、それは安宿に限ったこと。ましてやビジネスステイで同性が同じ部屋に泊まることは、欧米では考えにくいことです。国によっては、かつて同性同士の1室利用を断るホテルもあったほど。ですから、多少不経済なように思えても、客室は1人1部屋で予約されることをおすすめします。

出張で最大の成果を出すという点からも、1人1部屋のメリットは多々あります。例えばワーキングデスクは部屋に1台なので、自分のPCや書類をしっかり広げ商談の準備ができること。また、自分のペースでバスルームが使えたり、寝起きができることも、体調を万全に整えるためには重要なポイントです。

連絡しやすさを求めるのであれば、チェックイン時に「アジョイニングルーム（隣り合った部屋、近くの部屋）」をリクエストしてみましょう。隣でなくても近くの部屋になる可能性は高くなりますので不便さは軽減されるはずです。

「変更」も「キャンセル」扱いになる!?

インターネットによる予約システムが一般的になり、ホテルの予約やキャンセルは飛躍的に簡単になりました。ところが、そこにはインターネットならではの問題も存在しています。その代表的なものが日付や部屋数の変更手続きです。

すでに予約が成立しているのだから、後で変更内容だけを伝えれば問題ないと思いがちですが、そうではありません。たとえ宿泊するゲストが同じでも、日付や部屋数が変更になる場合、予約システム上では最初の予約はいったん取り消され、別の予約として新たに作成されることになるからです。そのことを知らずに、ギリギリまで変更の手続きを放置しておくと、とんでもない事態になりかねません。

人気ホテルや好ロケーションにあるホテルの場合は、いったん予約を取り消して再予約しようとすると、客室料金が大幅に変動している可能性がありますし、同じカテゴリーはおろか、もはや予約できる部屋は残っていないということもあります。

　さらに、大規模なイベントや国際会議がある場合は、希望していたエリアのホテルは全部満室ということも。結局、立地もアクセスもビジネスには不向きなホテルに、滞在せざるを得なくなるかもしれません。

　またホテルのポリシーによっては、こうした変更手続きでもキャンセルチャージを請求されることがあります。くれぐれもホテルの予約・変更は「早めに」、そして「確実に」を心がけましょう。

Bellboy/Traders Hotel, Shenyang (Shenyang, China)

予約とキャンセルを繰り返すのはルール違反

昨今、オンラインによるホテル予約は、即時確約が可能なだけでなく、為替の変動に応じて料金が変わったり、あるいは空室状況に応じて料金が変動する「イールドマネジメントシステム」を採用するところも多くなっています。

そこで現れたのが、いったん予約をしておいて、少しでも料金が下がると即キャンセルし、改めて新しい料金で予約をし直すという行為。一度や二度ならまだしも、ひどい場合は、最初の予約から実際の宿泊まで、絶え間なくキャンセルと再予約が繰り返されるケースもあります。

操作をしている側からは、予約もキャンセルもあっという間にできるし、一つひとつの手続きは確実に完了しているように見えます。一見、何の問題もないように見えますが、実はこれ、非常に危険な行為です。

オンラインで手軽に操作している予約システムが、最終地点となる目的のホテルまで、ダイレクトにつながっているという保証はどこにもありません。予約サイトと現地手配会社のシステムはつながっていても、現地手配会社とホテルとの間は電話やファクスなどでやり取りをしているかもしれません。あるいは、ホテルの予約課まではオンラインでデータが送られているけれど、フロントには印刷して手渡しというところもあるでしょう。

となれば、同じ名前による度重なるキャンセルと再予約の、一体どれが最終の情報なのか、現場に混乱を招くことは確実です。きちんと予約したつもりが「最終的にはキャンセル」と見なされてしまうリスクは、ここで発生するのです。

さらに、予約システムや顧客データ管理に厳しいホテルになると、頻繁すぎるキャンセルと再予約自体を「悪質」行為と見なし、理由がどうであれ、予約を受け付けてくれなくなる場合もあります。

賢く使いこなしているつもりが実はマナー違反……ということにならないよう、オンライン予約はくれぐれも節度を持って行ないましょう。

ホテルから返事が来るメール、来ないメール

ホテルを予約する前に、メールで問い合わせをしたけれどまったく返事がない……。そんな経験はありませんか？　実際のところ、すぐに返事が来る確率はおそらく数％程度でしょう。なぜなら、ホテルが全力でサービスを提供しようとするのは「すでにチェックインしたゲスト」であり、まだ宿泊するかどうかわからない人物の問い合わせにまで対応しきれないというのが本音だからです。

そもそも、ホテルには送っていいメールと送るべきではないメールがあります。言い換えれば、送れば確実に読んでもらえるメールか、そのまま放置されてしまうメールかということ。確実に読んでもらえるのは、ホテルにとって対応する責任と意味がある事柄。次の４パターンです。

Le Suite Imperiale/Shangri-la Hotel, Paris (Paris, France)

・ホテルの提供するサービス（空港リムジン、レストラン、スパ等）の予約
・滞在にあたり健康上の理由（ハンディキャップやアレルギー等）から配慮してほしいこと
・チェックアウト後の請求や支払い内容に関する確認・クレーム
・ジェネラルマネージャー宛てのホテルサービスに関する苦情や感謝

逆に、この4パターン以外の内容については、問い合わせをしても返事を期待するのは難しいといえます。

では予約した後なら返事はもらえるのか？実はここでも留意すべき点があります。

一つ目は、もしあなたが手配会社を通じて予約をしたのであれば、直接ホテルにメールを送るのは、実はルール違反ということ。ホテルは手配会社を通じてゲストを受け入れるのですから、「問い合わせ／回答」の窓口は手配会社であるのが基本です。それを無視したやり取りは、時に不必要なトラブルを引き起こす原因にもなりかねません。ホテル側も、手配会社経由の予約に直接回答することには消極的にならざるを得ず、これもメールに返事が来ない背景の

一つといえます。

また「手配会社に予約をしたのに、ホテルに直接メールを書いたら、予約が入っていないと言われた。手配会社が信用できなくなった」と言う人もいます。いいえ、予約は確かに成立しています。しかしそのデータが、フロントオフィスに移管されるのは、ほとんどがチェックインの24時間前。一般に公開されているホテルのメールアドレスは、主に予約係やフロントオフィスのものですから、早い時期にメールを送ったとしても、受け取ったスタッフにしてみれば「データが手元にない」つまり「予約がない」と答えるしかないのです。

ではどうすればよいのか。予約前に知りたい内容については、手配会社を通じて問い合わせをするか、または直接確認したい場合は電話をするのが確実でしょう。部屋のリクエスト等は当日、チェックイン時に交渉すること。どうしても事前に連絡をしておきたい場合は、チェックインの24時間前を切った時点で電話をするのが確実といえます。

元一流
ホテルマンからの
アドバイス①

ホテル選びの前には自問自答を！

私が長くアメリカのホテルで働いた経験から言えるのは、ホテルのサービスの善し悪しは、1回や2回の滞在で判断できるものではないということ。私は雑誌の統計などのサービスの採点はあまり当てにせず、自分なりの判断基準を大切にしています。

上手なホテル選びのコツは何かと問われれば、私は「まず自分がホテルに何を求めているのか、自問自答すること」と答えます。自分自身の要望をしっか

プロフィール
奥谷 啓介
1960年東京都生まれ。ウェスティンスタンフォード＆プラザシンガポール、ハイアットリージェンシーサイパン等勤務の後、1994年よりニューヨークのプラザホテルに勤務。2005年プラザホテルの閉館に伴い退職。現在はニューヨークにてホテルコンサルタントとして活躍中。

り把握してから、それをかなえるにふさわしいホテル探しに取りかかるとよいでしょう。例えば、海外のホテルで「眺めのいい部屋に泊まりたい」という方は、伝統あるホテルではなく、新しいホテルを選ぶべきです。なぜなら、格式ある古いホテルでは、その独特の構造上、眺めのいい部屋を確保するのは非常に難しいからです。

ニューヨークのプラザホテルを例に挙げてみましょう。このホテルは上から見ると「コの字型」をしています。さらに内部は廊下を挟んで左右に客室が配置された特殊な構造になっています。そのため、建物の外側に面した客室からは五番街やセントラルパークなどの素晴らしい景観を楽しむことができますが、内側に面した客室からは、壁と向かいの客室の窓しか見えません。向こうからもこちらが見えてしまいますから、常にカーテンを閉めざるを得ず、薄暗い部屋になってしまいます。

ほとんどの日本人ゲストは「こんな暗くて眺めの悪い部屋はイヤだ」と不満を訴えます。戦後に建てられた日本のホテルにはこのような構造の建物がないため、日本人の感覚ではあり得ないひどい部屋を割り当てられたと誤解してしまうのです。

このように、歴史あるホテルでスタンダードルームを予約した場合、7割がたは内側の客室になるものと覚悟したほうがいいでしょう。外側の客室はほとんどスイートかプレミアム付きの部屋になるため、スタンダードには眺めのいい部屋が少ないのが現状だからです。たとえ部屋の変更を希望したとしても、外側の部屋に移ることはまず難しいでしょう。

もし、あなたが「眺めのいい部屋」に滞在したいのなら、築年数を経た伝統的なホテルではなく、ここ20～30年に建てられたホテルを選んだほうが無難です。近代的な設計のホテルには「内側の部屋」がないからです。

また、「待たされるのがイヤ」という人は、小規模ホテルを選ぶことをおすすめします。客室数が８００室以上もあるような大型ホテルになると、どれほど超一流であろうとも、スピーディなサービスを行なうのは非常に難しく、何かと待たされることが多くなるからです。

従業員を多数抱える日本のホテルとは異なり、利益にシビアなアメリカのホテルは最低限の従業員しか配置しません。またホテルの規模が大きくなればなるほど、エントランスから客室までの距離も遠くなりますから、ベルスタッフが荷物を運ぶのに時間がかかってしまうのは当然。

「一流ホテルのくせに、なぜこんなに待たせるんだ」と訴えるゲストもいますが、大型ホテルで荷物を預けたら、部屋に届くまでに最低でも30分はかかることは、海外のホテルでは常識です。

特に2000室もあるような大型ホテルのベルスタッフは、団体客の荷物を運ぶのに必死。個人ゲストまでアテンドする余裕はありませんので、急ぐのであれば、大型ホテルでは自分で荷物を運ぶほうが賢明です。

一方、プラザのようなラグジュアリーホテルに宿泊するゲストで、自分で荷物を運ぶ人はほとんどいません。ガラガラとバゲージを引いていては、ラウンジでくつろぐ人々の気分を台無しにしてしまいます。ゲストは30分待つのを覚悟でベルスタッフに預けるのです。

あれこれ不便なことはありますが、プラザのような「グランドホテル」と称される、規模が大きく伝統的な建築様式で建てられた超一流ホテルには、新しいホテルにはない魅力もあります。

これらのホテルは、1890年代後半から始まったアメリカの好景気、まさに「グレート・ギャツビー」の時代に、今では考えられないほどの膨大な建設費をかけて造られたものです。一歩足を踏み入れると、本物の大理石を使った柱、高い天井、ロビーの床のモザイク模様、彫刻が施された壁など、ディテールにまで贅を尽くしたラグジュアリーな空間に圧倒されるはずです。真のグランドホテルは建物そのものが芸術作品であり、二度と同じものを建てることはできません。

ホテルにはそれぞれに特徴があり、得意なこと不得意なことがあります。一流ホテルだからといって、必ずしもすべての要望をかなえられるわけではありません。

伝統あるホテルには伝統あるホテルの良さが、小さなホテルには小さなホテルの良さがあるのです。だからこそ、ホテル選びをする前に、自分が何を重要視するのかよく考えて、その要望をかなえられるホテルを見つけることが大事です。

　また、それぞれのホテルの常識を知識として知っておくことも大切です。「大型ホテルはサービスに時間がかかる」「古いホテルで眺めのいい部屋を望むのは無理」といった予備知識を持っていれば、そういうものと割り切ってホテル滞在を楽しむ余裕も生まれてきます。

The Royal Plaza Suite Study/The Plaza (New York, U.S.A.)

覚えておこう！

エキストラベッドの注意点

海外出張ではあまりないかもしれませんが、客室にエキストラベッドが必要な場合は、オプションになるため別料金が発生します。また、ホテルに用意されているエキストラベッドの数には限りがあるので、ピークシーズンや大型イベント開催時などは、チェックイン時に依頼しても確保できないことがあります。

あらかじめエキストラベッドが必要だとわかっている場合は、予約時に忘れずにリクエストしておくことが肝心です。さらに、できるだけ早めにチェックインしてフロントに申し出ましょう。早めの時間なら、まだ残数に余裕があるかもしれません。

エキストラベッドに関しては、国・地域・ホテルによって状況が異なるだけでなく、客室スペースが足りずに入らない場合や、消防法等の関係でエキストラベッドそのものが認められていないということもあります。いずれも事前にしっかり確認しておきましょう。

ちなみに、エキストラベッドは「ローラウェイ（Rollaway）」と呼ばれることもあります。

第4章

希望の部屋はチェックインでゲットする

チェックイン時に上手に希望を伝える

そもそもホテルは予約段階で部屋の割り振りを決めているわけではなく、チェックインの時点で割り振りされるのが一般的です。というのも、突然のキャンセルや飛び込みの宿泊など、すべての宿泊客が予約通りにチェックイン／チェックアウトするとは限らないためです。

また全ての予約がベッドの数まで指定しているわけではありませんので、同じカテゴリー（例えば「スタンダード」「デラックス」等）内でも、ツインベッドかダブルベッドかといった希望は、基本的に先着順に割り当てられることが多くなります。このため、たとえ予約時にリクエストしていたとしても、実際は希望とは違う部屋が用意されていることも少なくありません。

そこで重要なのが、チェックインでの確認です。自分の泊まりたい部屋は、チェックインで手に入れるものと心得ておきましょう。

Fairmont Chicago, Millennium Park (Chicago, U.S.A.)

「禁煙室」「バスタブ付きの部屋」「ベッドが二つある部屋」などの希望は、たとえ予約時にリクエストしていたとしても、チェックイン時に改めてスタッフに伝えてください。もし条件に合わない部屋が用意されていたら、すぐに変更してくれる可能性が高いですし、そうでない場合はその旨の確認があるはずです。ここで何も言わないと、リクエストと違った部屋に割り当てられてしまう可能性が高くなります。「エレベーターから近い（遠い）部屋」「上の方（下の方）のフロア」といった希望も、チェックイン時に伝えます。

なお、アジア・アメリカ方面では、ダブルルームの数がツインルームより多いため、何も指定しないと自動的にダブルの部屋になりがちです。どうしてもツインが必要な場合は、チェックイン時に改めて確認するようにしてください。

割り当てられた部屋に入ってから希望と違うことに気が付いた場合は、すぐにフロントに連絡して、部屋を変えてもらえるか打診してみましょう。もし空いていればすぐに変えてくれるはずです。

もし滞在が長期になる場合は、チェックインの際に「候補の部屋を（いくつか）見せてもらえますか？」とお願いするのも一つの方法です。ただしその場合は、まだ多くのゲストが到着していない、早めの時間帯にチェックインすること。混み合う時間帯にこのようなリクエストは控えたいものです。

また、複数人での出張の場合、なるべく近い場所に部屋を取れると便利です。可能かどうかは状況により異なりますが、チェックインの際に「アジョイニングルーム（隣り合った部屋、または向かいの部屋）」をリクエストしてみるのも一つの方法です。もし隣同士が取れなくても近くの部屋をもらえる可能性は高くなります。

チェーンホテルに泊まる場合は、同系列のホテルを利用したことがあるなら、「以前もＸＸで泊まったことがあるのですが」と、チェックイン時にさりげなく伝えてみましょう。リピーターを大切にするのはどこの国でも同じです。もしかすると、思いがけないおもてなしが待っているかもしれません。

チェックインのトラブル対処法

チェックインで遭遇する深刻なトラブルといえば、「ノーリザベーション（予約なし）」と「オーバーブック」がツートップ。レセプションで「予約が入っていない」と言われたら、まず全員のパスポートを提示し、「名字と名前が逆に入っていないか」「代表者名が違っていないか」を再度確認してもらいます。

通常、ホテルの予約は「ファミリーネーム（姓）／ファーストネーム（名）」の順番で入れるのですが、ホテル側が逆に入れている場合もよくあります。パスポートを提示すれば、スタッフにあなたの姓と名の両方がわかるので、よりスムーズに予約状況が確認できます。

また、複数人で宿泊予約した場合は、代表者名が違うために誤解が生じることもあります。ホテルは勝手にアルファベット順で最初の人を代表者として登録してしまうことがあります。そのため、当日チェックインした人がその「代表者」と違っていた場合、「名前の人の予約は入っていない＝予約がない」と判断されることが考えられます。

パスポートを提示したのに確認ができず、とにかく「予約が入っていない」と言われた場合には、バウチャー等に記載されている現地手配会社に、フロントスタッフから直接連絡・確認してもらいましょう。現地手配会社に連絡が取れないのであれば、現地サポートデスクなどに連絡してもらいます。いずれにしても、日本へ国際電話をかけるよりも、ずっと早く解決します。

もし、深夜の到着ですぐに現地手配会社やサポートデスクに確認が取れない場合には、いったんクレジットカードを提示してチェックインを済ませ、翌日改めて状況を確認するようにするのも一つの方法です。その際、一定金額をデポジット（預かり金）として課金されることがありますが、チェックアウト時には精算されますので、後でしっかり確認してください。

なお、トラブルの際はついカッとなって感情的になったり怒鳴ったりしがちですが、そんなときこそ多くの目があなたに注がれていることをお忘れなく。ホテル側もトラブルを起こしたいはずはなく、スタッフも困っているのです。まずは深呼吸し、冷静になって、ホテル側と次善の策を話し合いましょう。

オーバーブックは交渉で切り抜ける

オーバーブックとはホテルの客室数よりも宿泊者が多くなってしまう状態のこと。そのため、きちんと予約をしていても、チェックイン時に「お部屋がありません」と言われてしまうことになります。絶対に遭遇したくないものの一つですが、自分がいくら気を付けたところで、起きてしまうときには起きてしまうもの。いざ直面した場合は、どうすればよいのでしょうか（オーバーブックについて詳しくはP．88をご参照ください）。

万が一オーバーブック扱いになってしまったときは、たいていホテル側がすぐ近くのホテルか同等クラスのホテル、またはよりランクの高いホテルの部屋を手配してくれます（これを「トランスファー」または「リロケーション」といいます）。ですからオーバーブックが起こっても、即、路頭に迷うことはほぼありません。冷静にホテル側の説明を聞いて、状況を把握しましょう。

このような状況では、いかにホテルスタッフに「このゲストを大切にしたい！」と思わせることができるかがポイントになります。そんな交渉の手順をご紹介しましょう。

ステップ1

まず、オーバーブックの原因、状況などをたずねます。そして本当に1室も部屋がないのか、スイートまでも満室なのかを確かめます。次に、ここに泊まれないことでビジネス的にいかに不自由するか、このホテルに宿泊することがどれほど重要かなどを伝えます。

実はスイートなら空きがあるという場合もありますから、あなたの与える印象（きちんとした身だしなみ、やたら怒ったりしない理性的なクレーム態度など）がよければ、スイートがオファーされる可能性もあるでしょう。

ステップ2

それでも、どうしても残室なしと言われた場合や、こうした交渉が自分にとって荷が重いようなら、スパッと気持ちを切り替えます。提案された別ホテルに移動することを前提に、「移動先のホテルはリクエストできますか？」と切り出します。

ホテルにはホテルの事情があるので、一方的なクレームを続けていてもラチが明かないだけでなく、交渉姿勢としてもスマートではありません。落ち着いて状況を聞いてから「もしできれば……」という姿勢で次善策を提案する。こうした姿勢が、希望をかなえてあげたいという気持ちを相手に起こさせるのです。

ステップ3

この交渉の際、本来ならば必要なかったはずの交通費、通信費などを負担してもらえるか等を併せて打診します。場合によっては「もう一度来ていただけるならば」と、次回滞在の無料オファーがあったりします。

ステップ4

最終的に納得ができたら、そんなサービスは当たり前などと思わずに、応対してくれたスタッフに礼を尽くし、労をねぎらうことも忘れずに。反対に、客を客とも思わない失礼千万な対応があったときには、しかるべき代替サービスを徹底的に要求しましょう。こんなときに泣き寝入りしてはいけません。ただし、ここでも感情的に怒鳴ったりするのではなく、冷静に、しかし毅然《きぜん》とした態度で、言うべきことをしっかり言うことが大切です。

オーバーブックも仕組みや対応策を知れば、それほど恐ろしいものではありません。むしろ、予定より高級なホテルに泊まれるチャンスと楽しんでしまう余裕を持ってください。

Courtyard Garden/Fairmont Washington, D.C., Georgetown (Washington D.C., U.S.A.)

チェックインで「上客」だと思わせるコツ

ホテルで最上級のサービスを受けたいのなら、チェックインでいかに好印象を与えられるかが重要です。

ホテルに足を踏み入れたその瞬間から、レセプションに立ってチェックインし、ベルスタッフに荷物を預けて自分の部屋に入るまで、あなたの一挙手一投足にホテルスタッフの目は注がれています。

ここでゲストに求められているのは、高級ホテルが醸し出す優雅な雰囲気を壊さない、その場に無理なく溶け込める服装や立ち居振る舞いです。具体的には、きちんと磨かれた革靴を履いているか、スタッフに対して礼儀正しくかつフレンドリーに接しているか、何かをしてもらったときにサンキューの一言があるか、ドアスタッフやベルスタッフにも気前よくチップを渡しているか等々。

そこで好印象を与えられたら、にこやかなサービスが提供されますし、「気前よくチップを払ってくれそうだな」と判断されれば、どのスタッフもあなたのアテンドを積極的に引き受けたいと考えるでしょう。何か依頼をした際の反応の早さも違ってくるはず。反対に、「このゲストはサービスのしがいはない」と見切られたら、その応対は可もなく不可もなくになるでしょう。

また男女混合で海外出張に出かけた場合、男性が心得ておかなければならないのは「レディファースト」。同行の女性が自分の上司であれ部下であれ、ホテルのチェックインはもちろん、各種予約や確認、レストランでのオーダーからチェックアウトまで、これらの手続きはすべて男性が担当すべき「仕事」です。日本国内では女性が手続きをすることも多いですが、海外に出たらそれは通用しませんのでご注意ください。

なお、最後に服装のヒントを一つ。良いゲスト（上客）と認識されたければ、たとえ３スタークラスでもジャケットの着用をおすすめします。ネクタイは必ずしも必要ではありませんが、全体のスタイルは「ビジネスカジュアル」のラインを崩さないことがポイントです。

バゲージはベルスタッフに任せる

ゲストがホテルに到着。ベルスタッフが運んできたのは、高級ブランドのバゲージ。それを見た他のスタッフは、素早く持ち主をチェックします。これから常連になってくれるかもしれないVIPにソツのない対応をするためです。また、こうしたバゲージはひと目で高級品であることがわかるため、丁寧に扱う必要もあります。つまり、旅に高級ブランドのバゲージを選ぶのは、たとえ本当のエグゼクティブやVIPでなくとも、ホテルでスタッフの注意を喚起する非常に有効な手段といえるのです。

もし、あなたのバゲージがブランド品なら、エントランスに着いたその時から、荷物はベルスタッフに任せること。基本的には自分で運んではいけません。いえ、たとえ名もなきブランドであったとしても、バゲージはベルスタッフに任せてください。

日本人はとかく遠慮したり心配したり、もしくはチップが面倒だからと、自分で持ちたがるケースが多いのですが、そこには、荷物を運び、それを任務にしている専任スタッフがいます。彼らから仕事を奪ってはいけません。笑顔で荷物を渡し、しかるべくチップを渡すこと。それが高級ホテルを利用するゲストの「ルール」というものです。

ただし、団体客がひしめく大型ホテルは例外です。客室数2000クラスの大型ホテルにもなると、ベルスタッフは団体客の荷物を運ぶのに忙しく、個人ゲストの荷物にまで手が回りません。この場合、部屋まで荷物を運ぶよう頼んだりすれば、逆に迷惑がられてしまいますし、荷物が届くまで30分以上待たされることは確実です。そんなときは自分で部屋まで運んだほうがいいでしょう。

自分で持つべきか、持たざるべきか。もし、その判断に迷ったら、周りを観察してみることです。他のゲストが荷物を自分で運んでいるようなら自分で運ぶ。スタッフに頼んでいるようなら自分も頼む。要は空気を読んで、場の雰囲気に溶け込むことができればいいのです。

アーリーチェックインとレイトチェックインの心得

通常ホテルのチェックインは、14時あるいは15時以降。早朝のフライトで到着する場合は、チェックインまで待ち時間があるため不便です。

そんなときは、レセプションでアーリーチェックイン（※）が可能かどうか確かめてみましょう。ホテルによっては、部屋が空いていれば可能なところもありますが、別途費用がかかる場合もあるので、その確認もお忘れなく。

もしアーリーチェックインができなくても、着替えやシャワーが使えるホスピタリティルームや、ウェイティングラウンジなどを用意しているホテルもあります。宿泊ゲストなら荷物も無料で預かってくれるので、すぐに行動することができて便利です。

反対に飛行機の到着が夜遅くなる場合は、事前にフライト名・到着時間を連絡しておくようにしましょう。というのも、一般的にホテルは18時までのチェックインを一つの目安としており、連絡しないまま18時を過ぎてしまうと、「連絡なしのキャンセル」すなわち「ノーショー」と見なされ、予約を取り消されてしまうことがあるからです。もし飛行機の遅延等で予定外に遅くなってしまった場合は、念のため空港からホテルに一本電話を入れておくと安心です。

ホテルでは、予約した人すべてが予定通り宿泊するとは限りません。予約していても当日現れない人もいれば、ふらりと現れて宿泊する、いわゆるウォークインのゲストもいます。

そのため、部屋割りは予約の段階では決まっておらず、当日チェックインした人から順番に割り当てられていくのが一般的です。ホテル側としてはできるだけ客室の稼働率を上げたいので、来るか来ないかはっきりしないゲストではなく、その場に現れて「泊まりたい」と言うゲストに優先的に部屋を提供するのです。

ノーショーと見なされないよう、ホテルには「遅くなりますが、ちゃんと行きます」という明確な意思を伝えておくことが大切です。

※　アーリーチェックイン：ホテルの定める時刻よりも早くチェックインすること。
逆にレイトチェックインは、ホテルの定める時刻よりも遅くチェックインすること。

アップグレードのチャンスを見逃すな

ホテルの客室は多くの場合、スタンダード、デラックス、オーシャンビュー、スイートなどの名称でカテゴリー分けされており、ホテルとしては料金の高いカテゴリーの客室を、少しでも多く売りたいと考えています。

ところが実際には、手ごろな料金の部屋に予約が集中してしまうため、スタンダードの部屋が足りなくなることもしばしば。そのような場合、ホテルはスタンダードルームの不足を埋めるため、スタンダードで予約したゲストをアップグレードして稼働率を高めようとします。あまり知られてはいませんが、こうしたケースは実は意外と多いのです。

最初にアップグレードの対象となるのは、過去に滞在した記録を持っているリピーター。またはチェックインで身分証明を求めた時に誕生日を確認し、滞在中にそれが重なっていれば、「お誕生日おめでとうございます。記念にアップグレードさせていただきます」などという嬉しいサプライズを申し出てくれることもあります。

旅慣れた人になると、自ら「今回のビジネスステイは特別なので、いい部屋があったら頼むよ」などとほのめかします。彼らはホテルスタッフとうまくコミュニケーションを取ることで、特別なサービスを受けられる可能性があることを知っているのです。ホテルがちょうどアップグレードするゲストを探している場合には、この作戦が成功する確率はかなり高くなります。中には、「少し静かに過ごしたいからアップグレードしてくれると助かるよ」と、フロントスタッフにさりげなくチップを渡すゲストもいます。

最近では、空いている上位カテゴリーの客室を積極的に売ろうと、チェックイン時にホテル側からアップグレードのセールスをしてくるケースも増えてきました。この場合、格安と言ってもいい魅力的な料金が提示されることがありますので、ぜひ、そのチャンスを逃さないようにしてください。

オーバーブックはなぜ起きる?

オーバーブックとは、ホテルの客室数よりも宿泊客のほうが多くなってしまう状態をいいます。なぜそんなことが起きてしまうのでしょうか。

そもそもホテルは、ある程度の変更やキャンセルが出ることを見込んだ上で、部屋数よりも多い数の予約を受け付けています。

その後、その日のキャンセル数や、急に予約してくる人の数などを想定しつつ、最終的に数が合うように調整していきます。ここで見込み違いがあったときに起こるのが「オーバーブック」、つまり「予約は取れているのに部屋がない」という事態です。

また、天候などの外的な要因も、オーバーブックの一因になります。悪天候などで航空機が運航キャンセル、または大幅遅延した場合、その日チェックアウトするはずのゲストが急にチェックアウトできなくなり、結果として部屋が足りなくなります。こういった場合、すでに宿泊しているゲストが優先になるか、予約客が優先になるかはホテルのポリシー次第。もし、そのホテルが前者の場合は、予約客がはじき出される形になってしまいます。

オーバーブックに遭遇しないためには、とにかく早めにチェックインすること。また18時以降に到着することになりそうな場合は、必ず一本電話を入れるようにしましょう。

また、チェックインの時に、なるべくきちんとした服装をしていることも大切です。上客と見なされると扱いが違ってくることは前述しましたが、その影響が顕著に表れるのが、まさにオーバーブックの発生時だともいえるのです。

なお、オーバーブックはホテル側の勝手な都合のように受け取られがちですが、そうではありません。これは世界一般的に、ホテル側の免責事項となっていることも覚えておきましょう。

覚えておこう！

最後の関門、「チェックアウト」

チェックインと同じくらい重要なのがチェックアウト。「間違いを修正できる最後のチャンス」でもあります。でもあっさり済ませている人が多いのではないでしょうか？

ルームチャージの二重請求など、チェックアウト後のトラブルの大半は、請求書の確認をきちんと行なわなかったことに起因するケースがほとんど。中にはその場できちんと確認せず、帰国後にゆっくり見直してから「記憶のない請求があった」とクレームする人がいますが、これはかなり非常識な行為。そしてこういう人が私たち日本人に特に多いのも、また、残念ながら事実なのです。

チェックアウト時に請求書を出されたら、たとえ後ろに列ができていようとも、じっくり請求内容や金額を確認し、わからない項目があれば遠慮なく質問すること、そして間違っていたらすぐその場で修正してもらうこと。万一間違いがあっても、そのままサインしてしまうと、それは「サインした人の責任」となり、後から返金される可能性は限りなくゼロに近くなります。

また、たとえ請求額がゼロであっても、書類は必ず受け取り、帰国後半年間は保管するようにしましょう。

第5章
ハードもソフトもフル活用しよう！

トランクを開ける前の確認事項

さまざまな手続きや交渉を終えて、ようやく希望の部屋へ。でもスーツケースを開く前に、まずは室内をチェック。以下のポイントをしっかり確認しましょう。

- ルームキーはきちんと作動するか？
- ベッドルーム、バスルームは清掃済みか？
- 照明などの電気関係が正常に作動するか？
- シャワーの温度と水の出具合は？
- ベッドのへたり具合は気にならないか？
- 前の人が使ったものが残っていないか？

おかしなところがないかを確認しながら、部屋をぐるりとひとまわり。何か疑問を感じた場合は、すぐに案内してくれたスタッフに聞くようにし、別の部屋にしてもらいたいときには、理由を述べて「別の部屋を見せてもらえませんか？」と申し出ます。「どの部屋も変わらない」と言われる場合もありますが、別の部屋が空いていれば通常は快く案内してもらえます。別の部屋のほうが気に入ったら替えてもらっても問題ありません。

Ｗｉ-Ｆｉ接続や室内設備、滞在中に使いそうな機器があれば、まず動かして正常に作動するかどうか確認しましょう。少々面倒でも、荷物を広げてから不備に気づいて別の客室に移動する手間を考えれば、先に確認しておくほうが効率的です。

しかし、時にはどうにもならないこともあります。例えばシャワーの性能。国や地域ごとに差があり、どこでも豊富で高い温度のお湯が出るとは限りません。古い建物を利用しているので設備が追いつかないケース、地域のインフラそのものが進んでおらず給排水がままならないケースなど、文句を言っても始まらないことが多いのです。Ｗｉ-Ｆｉ接続環境も、そもそもそのホテルがインフラとして導入していなければ使用できません。こういう場合は、「郷に入っては郷に従え」の精神で受け入れるしかないでしょう。

また、3人用で「トリプル」の客室を予約していても、部屋にはタオルなどのアメニティが2人分しか用意されていないこともよくあります。これは、ホテルはチェックインした順番に客室を割り当てていくため、その部屋に泊まる人数が確定していないので、基本である2人分をセッティングしているだけのこと。もし3人で入室しても2人分のアメニティしかなかったら、速やかにハウスキーパーにリクエストを。ホテルによっては、稀に3人目の分のアメニティに追加料金がかかる場合もあるので、気になるときはリクエストの際にスタッフに確認しましょう。

The Savoy A Fairmont Managed Hotel (London, U.K.)

客室にないものはリクエスト

客室内に用意されている備品やアメニティは、国や地域、ホテルのグレードによって異なります。

5スタークラスのホテルでは、各室に上質のバスローブから専用ファクスまで完備しているところもありますが、3スタークラスではソープとバスタオルのみということも。以前は「豊富なアメニティを用意してこそ高級ホテル」という考え方が一般的だったのですが、世界的なエコロジー意識と節約志向の高まりから、最低限のソープのみを備え付け、それ以外はリクエストベースで提供するホテルも増えてきました。

リクエストベースのアイテムとしては、電源アダプターやドライヤー、アイロンセットなどが代表的なものですが、時にはテレビや冷蔵庫といった「大物」まで、リクエストベースになっているホテルもあります。客室に入ったらすぐに備品をチェックしてください。そして必要なものをリクエストするなり、フロントに取りに行くなりして、いざという時に困らないよう準備しておきましょう。

また海外出張時には、日常的に使っている文具類があると何かと便利です。ホテルによっては客室のデスクにセロハンテープ、スティックのり、クリップ、ステープラー、スケール等の文具一式を常備しているところもあります。不足があれば、フロントにリクエストしてみましょう。多くの場合はすぐに届けてくれます。

高級ホテルでは頭痛薬や傷テープなどの日常医薬品、追加の電気スタンドやズボンプレッサー、加湿器にアロマキャンドル等々も、リクエストに応じてもらえることも。無理かなと思っても、あきらめずに問い合わせてみましょう。ホスピタリティの高いホテルであれば、どんなリクエストでも応えるべく尽力してくれます。

海外ホテルのバスルーム事情

慣れない海外での激務は、思った以上に心身を疲れさせます。手っ取り早く疲れをほぐせるのが、湯船にゆっくり浸かること。日常に風呂文化が密着している日本人にとって、浴室にバスタブがあるのは当たり前の光景です。しかし国が違えば風呂文化も異なるもの。海外のホテルのバスルームもお国柄を反映して、多様なスタイルになっています。

アジアの4スタークラス以上のホテルでは、バスタブ＋シャワー、もしくはバスタブの他にシャワースペースが別に設けられているセパレートシャワーブース付きの客室が増えてきました。一方ヨーロッパ、特に歴史ある建物を利用している高級ホテルなどでは、スペースやインフラの都合上、スイート以外の客室はシャワーオンリーという場合が少なくありません。

また、アメリカやオセアニア方面の乾燥した土地や寒さがマイルドな地域では、バスタブとエアコンは不要物とされ、やはりシャワーのみが多いようです。さらに、近年ではサロンスペースを充実させるデザインコンセプトから、敢えてバスタブを排除したり、あるいはホテル改装時にバスタブを外したりするホテルも登場しています。つまり、高級ホテルなら、バスタブはあって当然というわけではないのです。もちろん3スタークラス以下のホテルに比べれば、その確率は高くなりますが、チェックインしてシャワーのみだとわかったら、他にバスタブのある部屋があるかをたずねて客室の変更を申し出るか、すっぱりあきらめるしかありません。

もしシャワーしかなかったとしても、タオルを肩からかけて熱めのお湯をたっぷり浴びれば、首筋や肩のコリを和らげるのに効果的ですし、体が冷えたときは手元にあるビニール袋などを使って即席の足湯を試みるのもいいでしょう。

ところで、日本のように洗い場が分かれていない海外のバスルームでは、どのように体を上手に洗ったらいいのでしょうか。まずはお湯を少なめに張って最初に体を洗い、いったんお湯を流して再度お湯をためてゆっくり浸かるという方法。もう一つはヨーロッパで一般的な、バブルバスにゆっくり浸かりながら体を洗い、その後シャワーでなでるように流すという方式です。セパレートシャワーブースがあるときは、バブルバスを心ゆくまで楽しんでからシャワーブースに移って洗い流すという、何とも贅沢なバスタイムを満喫できます。

客室のことはハウスキーパーにお任せ

海外出張は時差の関係もあり、体のリズムが狂いがち。意に反して客室を汚してしまうこともあるでしょう。あるいは「ワインをこぼしてしまった」「靴の泥でカーペットを汚してしまった」ということも。そんなときに頼りになるのがハウスキーパーです。

恥ずかしいから自分で何とかしようとするのはかえって逆効果。素人の手ではシミやにおいを完璧に消し去ることはできないからです。「しまった！」と思ったら、迷わずすぐにルームクリーニングをリクエストしましょう。無理に原因を申告する必要はありません。単に「シーツを取り換えて」「カーペットをきれいにして」と言うだけで構いません。相手もプロですから、的確に対応してくれるはずです。

清掃中に気まずかったら廊下に出るか、ちょっとお茶を飲みに行くのもいいでしょう。朝、部屋を出る時にシーツの汚れに気が付いた場合は、汚れが広がらないようにベッドカバーをはいでおきます。そして、多めのチップとともにメモに「サンキュー」の書き置きを。戻った時には、部屋は元通りクリーンアップされていることでしょう。ちなみに、こうしたケースでも弁償金などを請求されるケースはほとんどありません。

ハウスキーピングが作業を始めるのは、通常ブレックファストタイム終了あたりから。ちょっと寝坊をしていてスタッフにドアをノックされ、何事かとあわてた経験がある人もいるかもしれません。

部屋を出るのが昼過ぎになるようなときは、ハウスキーピングに「これから外出しますので部屋の掃除をお願いします」と一声かけておいたほうがいいでしょう。日中にゲストが部屋にいると「この部屋の掃除は不要」と見なされてしまうことがあるからです。

また、「ドントディスターブ（Don't disturb.）」のサインをしまい忘れたり、解除しないまま外出してしまうと、やはり部屋は手つかずのままということになりかねません。夜間に戻ってから清掃を頼んでも、ホテルによってはハウスキーピングの対応時間が制限されているため、もう清掃はできないと言われる場合も。そんなときはタオル交換とアメニティ補充程度で我慢するしかありません。外出時はもう一度、サインのしまい忘れ（解除し忘れ）がないか確認しましょう。

ランドリーサービス利用の注意点

出張日数が増えるに従ってやっかいなのが洗濯物の処理。下着程度なら自分で済ませられますが、きちんとしたプレスが必要なシャツやスーツ、またシミを付けてしまった衣類はランドリーサービスに任せるしかありません。

5スタークラスのホテルでは、プレスの仕方、糊《のり》付けの加減、シャツは箱詰めかハンガーかけかなど、さまざまなリクエストを追加料金なしで受け付けてくれますし、欠けているボタンの付け替え、ちょっとしたかぎ裂きなどの修理、落ちなかったシミまできれいにしてくれるといった、プラスアルファのサービスまでしてくれることもあります。街なかのクリーニングに比べると割高ですが、限られた衣類で常に身だしなみを整えていなければならない海外出張時は、割り切って利用したほうがベター。きちんとした衣類を身にまとうことで気分が引き締まり、それが自信にもつながっていきます。

ランドリーサービスは通常、朝の指定時間までに出せば当日夕刻に仕上がる「ノーマル」、短時間で仕上がり料金は倍額になる「エキスプレス」の2種類があります。最近はクリーニング作業をアウトソーシングしているホテルも増えてきたため、朝出しても戻りが翌朝になってしまうことや、週末はランドリーが休みになるホテルもあります。早朝や週末にチェックアウトをする場合は、ランドリーサービスでトラブルにならないよう注意しましょう。

Superior Twin Room/Shangri-la Hotel, Vancouver (Vancouver, Canada)

ビジネスセンターを私設秘書室に

ビジネスセンターとは、その名の通り「ビジネス」のためのサポート施設。コピー、ファクス、PCをはじめとした各種OA機器やミーティングルームの提供の他、ホテルによっては文書作成や電話応対、翻訳や通訳といった私設秘書のような業務も請け負ってくれます。よって急な書類作成が必要になったとしても大丈夫。ビジネスセンターに行けばたいていのことは解決しますし、外国語での操作に手間取っても、スタッフが親切にフォローしてくれるでしょう。もっとデキるビジネスパーソンの中には、そこを自分のオフィス代わりにしてしまうという強者《つわもの》もいるようです。あらかじめ「担当」スタッフを決めて、滞在中の書類やデータの管理・分類から、電話応対やスケジュール管理まで任せてしまうのです。

また、ビジネスセンターはたいていミーティングルームを備えています。日本人ビジネスパーソンはあまり活用しませんが、このミーティングルームを商談に使い、軽食やドリンクをセッティングしてもらうのもホテルの賢い活用法。海外で企業のステータスをアップし、商談を有利に運ぶ一つの手段としてよく知られています。

ミーティングルームに空きがなくて使えない。でも宴会場を借りるとなると高くついて頭が痛い……というときは、会場だけをレンタルするのではなく、ランチョンミーティングにするといいでしょう。この場合、会場費は無料、ランチの料金だけでいいというホテルも少なくありません。ホテルの設備のお得な使い方、知っていると知らないとでは、ビジネスパフォーマンスにも大きな差が出てきます。

ルームサービスでひとときのリラックスを

時間に追われ、緊張する毎日が続く海外出張。時には自分へのねぎらいに、ルームサービスで朝食をオーダーしてみませんか。

レストランでは豪華なビュッフェや華やかなムードが楽しめますが、その分朝からメイクアップやドレスアップが欠かせません。でもルームサービスなら、バスローブのまま食べようが、ベッドに横になりながら食べようが自由です。テラスがあれば、そこにセッティングしてもらうのも楽しいもの。リラックスした雰囲気で気ままに食事をする贅沢感は、まさにルームサービスならではです。

ルームサービスが「使える」のは、朝食だけではありません。単身で海外出張をしている場合、ディナータイムに1人でレストランに入るのは、かなり勇気がいるものです。特にヨーロッパはカップル社会のため、女性1人の場合は食事に苦労することが多いかもしれません。

そんなときもルームサービスは大助かりです。高級ホテルなら、ルームサービスでも真っ白なテーブルクロスや、フルセットのカトラリーをセッティングしてくれますから、気分はまさに、自分だけの高級レストラン。部屋にいながらすべてスタッフにお任せの「上げ膳据え膳」。いつもとは一味違うセレブ感が味わえるはずです。

Room Service/The Plaza (New York, U.S.A.)

コンシェルジュは旅先の頼れる知恵袋

ホテルの大小を問わずゲストサービスを重視するホテルには、基本的にコンシェルジュが待機しています。専門職のプロあり、フロントを預かる有能なスタッフによる兼任あり。有名ホテルでは、黒服に襟章を付けたベテランのコンシェルジュがデスクをとりしきっています。「コンシェルジュ」は、フランス語で「アパルトマンの管理人」を意味する言葉。20世紀初頭のヨーロッパのホテルでは、ゲストを迎える門番がこう呼ばれていたそうです。勝手のわからない土地で頼りになるのは、このコンシェルジュ。管理だけでなく、次第にさまざまな要望を満たす役割を担うようになっていったのが、今日のコンシェルジュの原型です。

そんなコンシェルジュは、あらゆる情報に通じ、幅広いコネクションを持つ、頼れる知恵袋のような存在。「あのコンシェルジュがいるから、あのホテルに行く」と、上得意のハートをしっかりつかんでいるコンシェルジュも多いのです。ですから、たとえホテルの総支配人が代わっても、コンシェルジュが代わることはまずありません。むしろ、賢い経営者なら決して手

Lobby Staircase/The Fairmont Olympic Hotel (Seattle, U.S.A.)

放しません。彼らの知識、知恵、人脈はホテルにとって何にも代えがたい財産だからです。

こうしたコンシェルジュに比較的年配者が多いのは、ある意味、当然のこと。経験が豊かになればなるほどコンシェルジュとしては有能となるため、若者では太刀打ちできません。ヨーロッパの歴史あるホテルにいる老コンシェルジュなら、まず間違いなく優秀です。とっつきにくそうな外観だとしても、まずは軽く挨拶してみてください。話してみると意外と柔和なタイプも多いですし、にこやかに挨拶をして顔を覚えてもらえれば、ホテルそのものの居心地もだんだんよくなっていくものです。

では、そんなコンシェルジュが引き受けてくれる仕事の具体的な例を、いくつか挙げてみましょう。

予約の手配

・オペラやスポーツイベントのプレミアムチケットを入手したい
・イレギュラーのフライトや鉄道移動のアレンジをしてほしい
・有名高級レストランのディナーでいいテーブルを確保してほしい

各種案内

・気取らずに歓談できるバーを教えてほしい
・日本語が通じる病院が知りたい
・これはどこで売られているか調べてほしい

こんなことも

「予算150ドル程度で、取引先の社長にネクタイ、その秘書には花束をアレンジ。メッセージカード付きで明日の朝9時までに部屋に届けて」
「突然フォーマルパーティーに招待されたので、それにふさわしい服装を揃えるためのアドバイスが欲しい」

何か困ったことに出くわしたら、まずはコンシェルジュに相談を。きっと想像以上の満足が得られるはずです。

「バトラーサービス」はこう使う

イギリス貴族に仕える執事のように、あらゆる用件を聞いてくれるお客様専属の客室係、それがバトラーです。「コーヒーが飲みたい」「手紙を出しておいて」「車を呼んで」といった日常の手伝いから、「テニスの相手をして」「ショッピングに同行して」といったコンパニオン的な事柄までの一切を引き受けます。きちんとしたバトラーサービスがあるホテルの客室では、湯沸かし器のようなセルフ器具が置かれていることは、まずありません。「お茶一杯でもバトラーに頼んでください」というのが、そのホテルが提供するスペシャルなサービスだからです。

バトラーサービスは通常、クラブフロアなどハイカテゴリーの客室ゲストにのみ提供されます。1人のバトラーが1室を担当するのが基本ですが、最近では、1人のバトラーがいくつかの客室、もしくはフロアをかけ持ちで担当するケースも多いようです。

コンシェルジュやバトラーにあまりなじみのない日本人は両者を混同しがちですが、格式は一般的にコンシェルジュのほうが上になります。コンシェルジュは定められた場所に常駐している「動かない」存在ですが、バトラーはゲストの手足となって「動く」のが仕事。もし双方のいるホテルに滞在したら、まずお願い事はバトラーにするのがいいでしょう。内容によっては、バトラーからコンシェルジュに依頼が行くはずです。注意すべきは、バトラーに頼むべきことをコンシェルジュに頼んではいけないということです。

部屋でハンバーガーが食べたくなったら？　いいでしょう。でも自分で買って持ち込んではいけません。食べたければバトラーに買いに行かせるのが、このクラスのホテルゲストのあり方です。同様に、どのレストランに行こうか悩んだら、ガイドブックをひっくり返す前にコンシェルジュに相談を。ジャンル、予算、ロケーション、すべてを聞いてベストの1軒を選んでもらう。それがコンシェルジュの上手な活用法です。

スパ&ジムで自分をメンテナンス

日本人ビジネスパーソンがほとんど利用しないホテルの2大施設といえば、スパとジム。スパを敬遠する男性の大半は、いまだに「スパ=ビューティサロン」的なイメージを持っているのかもしれません。しかし、メニューを見れば一目瞭然。日本式のシアツ（指圧）マッサージやジェットラグ解消マッサージまで多種多様。決して女性専用というわけではありません。激務の疲れを残さず、毎日フルパワーで仕事をしたいというビジネスパーソンこそ、スパを上手に利用してリラックスタイムを過ごしてみてはいかがでしょう。

また、マッサージだけでなく、トリートメントにも男性対象のメニューがあることを知っていますか？「見た目」がビジネスに大きな影響を与えることを知っている海外のビジネスパーソンは、自分の体のメンテナンスも怠りません。特にフェイシャルやネイルケアは、ほぼ日本人男性には無縁のメニューでしょうが、一度トライしてみれば、その心地良さや絶大な効果に目を見張ること間違いありません。名刺交換時など、きれいに手入れされた爪はデキるビジネスパーソンを演出してくれます。

朝からジムで多くの人がランニングマシンで走っているのも、海外ホテルではおなじみの光景です。1日の始まりに適度な運動で汗を流す。これぞエグゼクティブならではの習慣だと、元ニューヨーク・プラザホテルのセールスマネージャー奥谷氏は断言します。「アメリカでは週3回、20分以上の運動をして、8時間の睡眠を取るのがビジネスパーソンの常識です。最高の判断を下すことを求められるトップエグゼクティブたちは、自分の体も常に最高のコンディションに保つことを求められます。そうでなければ、頭が回らず、的確な判断ができなくなってしまうからです。そのため出張でホテルに滞在するときも、ジムを利用する人がとても多いですね。日本人ビジネスパーソンも、パフォーマンス向上のためにもっと積極的にジムを利用したほうがいいと思いますよ」

ジムだけでなくプールやサウナ、ジェットバスもしかり。心身のコンディションを整えるためにも、ぜひ積極的に使いたいものです。

ホテルマンが教える上手なホテルの使い方①

必要な場合は、通訳者の手配も行ないます

グランド インターコンチネンタル ソウル パルナス／インターコンチネンタル ソウルCOEX
総支配人　ダレン・モリッシュ

私どもの両ホテルには多くの日本人のお客様がいらっしゃいます。江南（カンナム）区には半導体などのIT系企業や医療関連の企業とのビジネスを目的にするお客様の他、インターコンチネンタル ソウルCOEXはカジノと直結しているため、カジノなどレジャーのお客様が滞在されます。

日本と韓国のビジネスマナーは年長者への配慮など共通点が多くあると思います。商談などで韓国企業を訪問する際、初対面であったり関係が浅い場合は、意思決定を行なう立場の方に面会したり、面会してすぐに本題から入るのは難しく、関係構築のための機会を設けるのが必要になります。

韓国では懇親のためにはゴルフが一般的です。当ホテルであれば、レストラ

グランド インターコンチネンタル ソウル パルナス(ジュニアスイート)

総支配人
ダレン・モリッシュ

グランド インターコンチネンタル ソウル パルナス

ンでの会食の他、クラブフロア宿泊者専用のラウンジの会議室、あるいはロビーラウンジでのインフォーマルな顔合わせなどでご利用いただいております。

会食の最中にビジネスの本題を話し合う必要がある場合は、レストランの個室などプライバシーの守れる空間で行なうことが暗黙の了解です。

韓国では、いたるところでＷｉ-Ｆｉ接続ができるようにインターネットやＩＴのインフラがとても発達しています。プレゼンテーション等もデジタル技術やインターネットを駆使したものになじんでいるため、韓国のビジネスパーソンにとって魅力的な提案方法を工夫することをおすすめします。

言語の問題においては、当ホテルのレセプションおよびビジネスセンターには日本語が堪能な従業員も多くおります。会議などで通訳が必要な場合は、当ホテルにて外部通訳者を手配させていただくこともできます。会議やイベントなどさまざまなシーンでの日本人のお客様の対応経験も豊富ですので、お気軽にご相談ください。

ホテル名：グランド インターコンチネンタル ソウル パルナス
住所：521, Teheran-ro, Gangnam-gu, Seoul, Korea
ＵＲＬ：http://www.intercontinental.com

ホテル名：インターコンチネンタル ソウルＣＯＥＸ
住所：524 Bongeunsa-ro, Seoul, Korea
ＵＲＬ：http://www.intercontinental.com

覚えておこう！

「現地税」って何？

ここ数年世界各国で急増している、「現地税」や「リゾートフィー」。チェックアウト時にいきなりチャージされて驚いた方も多いのではないでしょうか。

例えば多くのホテルで導入が進む「リゾートフィー」の場合、含まれる内容はホテルによって異なりますが、Wi-Fi使用料や市内通話料、ジム利用料、あるいは駐車場が無料など、フルに使えば確かにお得だけれど、あまり使わない人にとっては少々理不尽に感じるものも少なくありません。

問題は、使う使わないにかかわらず支払わなくてはならないこと。金額も１泊５ドルから高いところでは50ドルと差があります。１泊あたりでチャージされますので、泊数が増えれば思わぬ出費となることも。予約の際には、「リゾートフィー」の有無や金額もぜひチェックしておきましょう。なお場所によっては「ファシリティフィー」「ユーティリティチャージ」「アメニティフィー」等と呼ばれることもあります。

この他、パリやローマの「シティータックス」、東京都の「宿泊税」等が、いわゆる「現地税」にあたります。事前払いの予約でも、こうした税金は現地で支払うことになりますのでご注意ください。

第6章
おさえておきたいチップの常識

そもそも「チップ」とは

日本人にはなじみの薄い「チップ」。海外に行くたびに、誰に、どのタイミングで、いくら払えばいいのかと悩んでしまう人も多いようです。でも、そもそもチップとは何なのか？　そして日本の習慣である「心付け」とは何が違うのでしょうか。

アメリカに代表される地域では、チップは賃金の一部と見なされ、給与システムに組み込まれています。例えばウエイター、ウエイトレス、ベルスタッフ、ドアスタッフといった、チップを多く受け取る部署の従業員は、その分給与が低く設定されており、彼らの家計を支える主たる収入はチップということになります。逆に、ハウスキーピングのようにあまりチップがもらえない部署は、給与は高めに設定。さらに、バックオフィスの部署、つまりお客様と接することのない部署は、インセンティブなど別な形での支給があり、全体として不公平感が出ないように設計されています。

このようにチップが給与体系にきっちり組み込まれている国においては、チップを払わない、あるいは相場よりだいぶ低い金額だったりすると、非常識と思われてしまいます。

一方、日本には「心付け」という習慣があります。以前に比べると薄れつつありますが、旅館で仲居さんに渡したことがある方もいるのではないでしょうか。この心付けはあくまで「気持ち」なので、渡しても渡さなくても構いません。給与に組み込まれているということもありません。この「心付け」と「チップ」を同一視してしまう人も多いので、注意が必要です。

なお、チップの相場や習慣は国により異なります。チップ不要の国もあれば、それほどうるさくない国もあります。逆に、払い忘れると追いかけてくるほど厳しいところもありますので、ご旅行前には渡航先の習慣についてチェックをお忘れなく。

チップ事情は国や習慣で異なる

チップの相場や習慣は国により異なります。また、渡す相手や頼んだ仕事やサービスによって金額が異なってきます。おおよその目安としては次ページの表を参考にしてください。

4スタークラス以下のホテルでもチップが発生するのは、ほとんどがアメリカ。どんなサービスも、支払いは1ドルと考えておいていいでしょう。ただし、4スタークラスでも雰囲気やサービスが明らかにハイグレードの場合、またブティックホテルなど、通常のランク付けに対応していないホテルの場合は、5スタークラスの相場を目安にしてください。

ベルデスクに荷物を預ける時は、荷物を持っていってくれた人からチケット（半券）を受け取る時にまずチップ。そして部屋に荷物を運んできてくれた人にもチップ。この両方にチップを渡すのがマナーです。ただし両者が同じ人の場合には、まとめて1回にしても構いません。

チップは、サービスの直接の行為者に対して渡すものですが、ホテルによってはベルデスク

チップの目安

ホテルで支払うチップの相場はケースバイケースですが、
目安を覚えておくとまごつかずにすみます。

	5★+以上	5★～4★+	4★以下
ベルスタッフ（荷物1つにつき）	3（2つ以上は3×個数分）	2（3つ以上で5～）	1
ポーター（荷物1つにつき）	3（2つ以上は3×個数分）	2（3つ以上で5～）	1
ハウスキーパー（ピローチップ）	5～10	3～5	2～3
ルームサービス（食事）	5～20	5～10	1～2
ルームサービス（物品）	3～20	1～10	1～2
コンシェルジュ（サービスごと）	5～上限なし	1～上限なし	1～上限なし
バトラー（サービスごと）	5～	2～	1～

※金額の単位はアメリカの場合はドル、ヨーロッパの場合はユーロです。
※上記はあくまで目安です。国、地域、ホテルのグレード等により調節してください。
※物価の上昇等によっても変化しますので、常に最新のチップ相場をご確認ください。

でのチップの処理の仕方が違います。

そのまま個人のポケットにチップが入るパターンと、ベルデスクでチップをプールし、ベルキャプテンが役職、年功、仕事ぶりなどの基準から判断し分配するパターンです。

後者であれば誰に渡しても構わないということになりますが、やはりサービス提供者その人に感謝しつつ渡すのが、いちばん自然でしょうし、相手も喜ぶはずです。

チェックインとチェックアウト時のチップ

ホテルのチェックイン／アウト時は、どのようなシチュエーションでチップが求められるのでしょうか。ここでは、高級ホテルでの例をご紹介します。

チェックイン

エントランスでドアスタッフに荷物を渡したら、ここで最初のチップです。レセプションでチェックインの手続きが済むと、ベルスタッフが部屋まで案内してくれます。ひと通り部屋の説明が終わり、ベルスタッフが退出する時にもチップを渡します。

ここでの注意は、ベルスタッフとドアスタッフは部署が別で、それぞれがチップを受け取るポジションにいるということ。ドアスタッフはゲストが到着した時に、車から降ろされた荷物をベルスタッフが運ぶまでの管理をします。ベルスタッフは、ドアスタッフから受け取った荷物を客室まで運ぶのが仕事です。どちらか一方にチップを渡せばいいということではないので、忘れず双方に渡しましょう。

チェックアウト

チェックアウト時は、まず客室からバゲージコレクションを頼みます。バゲージコレクションとは、ベルデスクまたはフロントに連絡し、部屋に荷物をピックアップしに来てもらうこと。回収に来たベルスタッフに荷物の数に応じたチップを渡し、荷物を預けます。壊れ物などを運んでもらう場合は「気を付けてください」と伝え、2〜3ドル多めにチップを渡すとその重要度が伝わります。

レセプションでチェックアウトの手続きを済ませて出口へ向かうと、ベルスタッフはバゲージを運びながらタクシー乗場へと案内してくれるか、あるいはすでにタクシーに荷物を積み込んで待機しています。このとき、ここまで運んでくれたベルスタッフに、荷物の数に応じたチップを渡します。ラグジュアリーホテルなら部屋からタクシーまでの「付ききりサービス」になるので、1個あたり3〜5ドルが妥当でしょう。

ピローチップは必要か？

部屋をクリーニングしてくれたハウスキーパーへの感謝として、枕元に置くのがピローチップ。ところがヨーロッパの高級ホテルでは、置いても回収されないことがあります。またアメリカではハウスキーパーの給与は最初からある程度高めに設定されているため、ピローチップは不要と言い切る人もいます。

このように、ピローチップを置くべきか置かざるべきかに正解はありません。しかしベッドを整え、バスルームを磨き、室内を整頓してくれるハウスキーパーのハードかつ丁寧な仕事を実際に目の当たりにしたら、あなたはどう感じるでしょう。「ありがとう」の言葉とともに、多少なりともチップを払いたくなるのではありませんか？

意見や状況はさまざまですが、「置かない」という決めつけは禁物。「不要かな？」と思うシーンでも、基本的なマナーとして気持ち程度のピローチップを置いてみてはいかがでしょうか。ピローチップの額は最低1ドルからですが、3スタークラスは1～2ドル、4スタークラスは2～3ドル、5スタークラスならば3～5ドルが適当です。また靴の泥などでカーペットをひどく汚してしまったときなどは、さらに5ドルくらい置くといいでしょう。

高級ホテルでは1日に複数回のハウスキーピングが入り、夕刻にはベッドを就寝用に整えてくれる「ターンダウン」と呼ばれるサービスも行なわれますが、この場合は、サービスの内容と質に見合ったピローチップを「1日1回」置けばOKです。部屋にいる時にターンダウンのサービスを受けた場合は、気持ちよく2～5ドル渡してもいいでしょう。もっと感謝の気持ちを伝えたいなら、簡単なメッセージを記したメモを添えておきましょう。返礼のメモが残っていたり、一輪の花が添えてあったりと、心なごむサービスがあるかもしれません。

連泊して毎日気持ちよく過ごせたなら、チェックアウトの朝も「部屋をきれいにしてくれてありがとう」の気持ちを込めてベッドにチップを。ここでも一言メッセージを添えておけば完璧です。

たまに余った小銭をピローチップにあてる人がいるようですが、これはとても失礼な行為ですので注意しましょう。

コンシェルジュへのチップは出来高払い

コンシェルジュへのチップは、基本的に出来高払いです。近所のおいしいレストランを教えてもらうとか、タクシーを呼んでもらったくらいなら1ドルでも構いませんが、いろいろ骨を折ってもらったときにはそれでは不十分です。高級レストランの予約やオペラのチケット手配を依頼した場合、コンシェルジュはそのために手間と時間を割いてくれたのですから、20～50ドル渡してもおかしくありません。入手困難なプラチナチケットを用意してもらったような場合には、100ドル以上のチップを渡してもいいくらい。素晴らしい仕事ぶりだと感じたら、感謝の気持ちに応じてチップをはずめばいいのです。

何かあれば世話になるというイメージのコンシェルジュですが、彼らとより関係を密にするテクニックがあります。それは、チェックイン後に、まず顔を見せに行くこと。もし滞在中にいろいろ世話になりそうだなと思ったら、挨拶（自己紹介を兼ねてどんな予定をしているかなどのおしゃべりでOK）をしつつ20ドルくらい渡しておきます。特に何か頼むことはなさそうだと思っても、10ドルほど渡しておくといいでしょう。

この挨拶の効果は、滞在が長くなればなるほどはっきり表れます。ロビーを通るたびにコンシェルジュに注目してもらえるし、何かあったとき、また急ぎのときに優先的に対応してもらえるでしょう。移動や接待、手土産など何かと面倒が多いビジネス滞在の場合なら、そのありがたさが身にしみるはずです。

また、客室付けの専属バトラーがいる場合は、頼み事をする予定がなくても、チェックイン時にまず最低10ドルを渡しておけば、対応もぐっと丁寧になり、気持ちのよい滞在が約束されるでしょう。

3泊以上する際には、バトラーにも最初にある程度まとまった額を渡しておき、自分のリクエストの頻度に応じて、退出時に追加するというやり方もスマートです。2泊以内の滞在や、フロア付けなど客室専属でないバトラーにはリクエストをするたびに1ドル～5ドルを渡すほうが気楽です。

レストランではレシートをチェック

高級ホテルのダイニングでは、15〜22%がチップの相場とされています。もし、伝票にサービス料が含まれているかどうかわからない場合は、担当のウエイターかウエイトレスにたずねるといいでしょう。チップは食事の後にテーブルにキャッシュで置くか、伝票のチップ欄に記入して食事の代金と一緒にカードで払う方法もあります。

ハワイのように、伝票に「サービスチャージ」あるいは「グラテュイティ」として、あらかじめチップの金額が記載されている場合もあります。「最初からチップが記載されているなんておかしい」と憤慨する人もいますが、これは「正当なチップ」を計上しない日本人トラベラーへの対抗策。アメリカでのチップは最低でも15%。だとしたら、最初から必要な金額が記載されていたほうがいくら渡すのか悩む手間が省けますし、そう割り切って考えたほうが気もラクです。最近のアメリカのレストランでは、あらかじめ伝票に、15%、18%、21%と3種類のチップの額を記載してくるところも出てきました。

勘定とチップをまとめてクレジットカードで支払いたい場合は、サイン時に伝票の記入欄に金額を書き込みます。記入欄が見当たらないときは、伝票下半分の空きスペースに「ＴＩＰ」と書き、金額を記載します。

滞在ホテルでは、ダイニングやルームサービスをはじめ、館内施設のどこでもサイン一つで利用が可能。チェックアウト時にまとめての精算になります。ジムやスパの利用時やプールサイドでの飲食など、財布を持ち歩きたくないときに便利です。

Restaurant/Shangri-la's Barr Al Jissah Resort & Spa (Muscat, Sultanate of Oman)

ポイントは「タイミング」と「渡し方」

スマートなチッピングを決定づけるのは「タイミング」と「渡し方」です。まずは、いつでもさっと出せるようにポケットなどに小額紙幣を忍ばせておくようにしましょう。1ドル札を5枚程度と5ドル札を1～2枚ほどポケットに入れるか、マネークリップなどに留めておきます。支払う時も、モタモタしてはスマートではありません。必要なタイミングで、ポケットから1ドル札を出して払うか、マネークリップに留めた紙幣を取り出し、必要額を渡します。

渡す時のポイントは、「相手の目を見ながら」「笑顔で」渡すこと。あらかじめ四つ折りにした紙幣を手に持っておき、それをすっと渡しながら笑顔で「サンキュー」。この一連の動作が、チップの習慣のない日本人にはなかなか難しいかもしれません。参考になるのは、海外の高級ホテルやダイニング。機会があったら、さりげなく他のゲストを観察してみてください。そこでスマートなチッピングのスタイルを学びつつ、場数を踏んで慣れていくといいでしょう。

チップは、何かしらのサービスをしてもらった最後のタイミングで渡すのが正解です。「ここではチップが必要だな」という場面に遭遇しそうなら、あらかじめ小額紙幣を用意しておきましょう。あわてず自然に渡せるようになれば、スマートなチッピング術の第一歩は達成です。

なお、チップの額が適切だったかどうかを判断する高等テクニックを一つ。それは「相手の表情を見ること」。おそらく相手はあなたからチップを受け取った瞬間、紙幣にチラッと目を走らせます。その表情から、自分の渡した額が適切だったのか、多かったのか、少なめだったのかがわかるでしょう。もちろん、これはかなりのハイレベル。初めからその表情を読み取るのは難しいでしょうが、経験を積むうちに判断できるようになるはずです。

チップは「悩んだら渡す」

国や地域によっても異なるチップの習慣。ホテルのランクによっても異なるし、さらには人によって意見が分かれることも。さてこの場合は、渡すべきか、渡さなくてもよいものか……。悩ましいですね。

そんなときの解決策は、「悩んだら渡す」こと。シンプルではありますが、ただでさえ海外出張では仕事が山積みなのに、たかだか数ドル（数百円）のチップのことであれこれ思い悩むのは、時間も精神的な負担も無駄なこと。「悩んだら渡す」と割り切ってしまえば、いちいち考え込まなくて済みます。

また、詳しく知りたい場合はチェックイン時にフロントスタッフに、どのような時にどの程度のチップが必要か、たずねてみるのもよいでしょう。これは決して恥ずかしいことではありません。チップはそれぞれの国や地域の文化や歴史と密接に関わるもの。他国からの旅行者が、相場や払い方がわからないのは当然です。あれこれ悩むよりも、わからないことはさっさと聞いてクリアにしたほうが、ずっと気楽で快適です。

なお、もしチップを払おうとして受け取ってもらえない場合は、サッと引っ込めること。「まあ、そんなことを言わずに……」とゴタゴタするのはスマートではありません。

いずれにしろ高級ホテルでは、役職にかかわらずあなたへのサービスに関わった「すべて」のスタッフにチップを渡すことが原則です。いいサービスを受けるためのポイントは、「悩むくらいなら渡す」「額は多少多めに」と覚えておきましょう。

Shangri-la Hotel, Xian (Xian, China)

チップで不満を表明してはならない

サービスに不満を感じたとき、日本人が犯しがちな重大なマナー違反があります。それはホテルやレストランで、抗議の意思表示としてチップを払わないこと。直接不満を伝えるよりも簡単だし、気まずい思いもしなくて済みますからついやってしまいがちですが、これは、特にチップの支払いが「当然」と見なされているアメリカでは完全なタブーです。

P.122「そもそも『チップ』とは」でお伝えした通り、チップは「心付け」ではありません。「払っても払わなくてもよいもの」ではなく、「払わなくてはいけないもの」です。残念ながら私たち日本人の中には、「チップはよいサービスをしてくれたことへの褒章だから、期待に見合ったサービスが受けられなかった場合は払わなくてよい（減額してもよい）」という考えを持つ人もまだまだ多いようです。しかし、その結果「日本人はマナーを知らない」「日本人はケチだ、チップを払わない」というネガティブな評価が定着してしまうのは、あまりに残念です。

それでは、どうしても納得できない場合はどうすればよいのでしょうか。

その場合はマネージャーを呼び、「スタッフのサービスがとても悪かったので、チップは払いたくありません」と伝えます。怒鳴ったりするのではなく、冷静な態度で伝えることがポイントです。そうすれば先方も必ず理解し、それなりの対応をするはずです。それが面倒な場合は、現地の習慣に則ってチップを払うことです。

チップはサービスを評価するという一面もありますが、気に入らなければ払わなくていいものではありません。チップは不満を示す道具ではないことを覚えておきましょう。

お釣りは堂々ともらうべし

ホテルでいざチップを渡そうとした時、手元に細かい紙幣がなかったらどうしますか？　高額はもったいないから渡さない？　でもそれではマナー違反になってしまいますよね。

このような場合は、「お釣りをもらう」のが正解です。例えば2ドルを渡したいのに10ドル紙幣しかなかったら、スタッフにその旨を伝え、10ドル渡して8ドルのお釣りをもらいます。ちょっとスマートとは言えませんが、特に問題はありません。

チップのお釣りを要求するのは何だか気が引けますが、現地の人も当たり前のようにしていることなので、遠慮する必要はありません。チップの金額が彼らにとって納得いくものであれば、喜んでお釣りをくれるでしょう。

他にも上手なチッピングのテクニックとしては、以下のようなことも覚えておくといいでしょう。

・ピローチップをサイドテーブルに置く場合は、チップであることを示すメモを添えたほうがわかりやすい。
・常に同じ人物が対応するコンシェルジュとは異なり、ハウスキーピングのスタッフは毎日変わる可能性があるので、まとめて支払わず毎日置くようにしましょう。
・チップは「出来高」払いで。基本的にはしてもらった内容と、その結果に応じて支払います。
・素晴らしい滞在を満喫できたのなら、「ホテル」そのものにもチップをはずんでみましょう。その場合はチェックアウト時の支払いに、チップ分を上乗せするよう伝えるのがスマートなやり方です。

サービスのクオリティはチップ次第

ホテルでチップを渡さなかったからといって、すぐに問題が起きるわけではありません。しかし、目に見えないサービスの質や処遇は確実に異なってきます。

例えば海外で「レストランで窓際のテーブルが空いているのに、隅のほうに案内された」「車から降りても、すぐポーターが寄ってこない」という経験をしたことはありませんか？それはあなたが「あまりチップを払ってくれなさそう」と思われてしまったからかもしれません。

ホテルでもレストランでも、格式が上がれば上がるほど、スタッフはゲストを「このホテル（レストラン）にふさわしいかどうか」常にチェックしています。そして、服装や立ち居振舞いはもちろんのこと、さりげないチップの払い方にも目を配っており、その結果「この人はチップを払ってくれる」と思えば手厚いサービスを提供するでしょう。逆もまたしかりです。

チップとは、してもらったサービスへの対価です。日本ではサービスは無料で提供されるもの、ゲストは受けて当たり前のものと思われていますが、海外、特に高級ホテルにおいては、サービスはあくまでも有料です。チップはホテルで働くスタッフにとって大切な生活の糧であり、また彼らのサービスのクオリティに対する評価でもあるのです。

したがって、チップを惜しむ行為はホテルに歓迎されないだけでなく、後に続く日本人ゲストにも影響を与えかねません。海外の伝統と格式のあるホテルの多くで、チップをきちんと払わない日本人は、礼儀を知らないゲストだという評価が定着してしまっていることも、残念ながら事実なのです。

一流と呼ばれるホテルに滞在し、一流のサービスのプロたちを相手に堂々と欲しいサービスを要求し、それ相応のチップを、あくまでもさりげなく支払う。なかなか高いハードルですが、ぜひ挑戦してみてください。

マネークリップでスマートに

チップの習慣のある国では、ホテルに到着するまでにも空港やタクシー等で、さまざまなチップが発生します。どんな時でもスマートに渡せるように、あらかじめ小額紙幣を多めに用意しておきましょう。

チップを渡すときの最大のNGは、財布から直接お金を取り出すこと。人前で財布を開けるのはスマートな行為ではありませんし、値踏みされる原因にもなります。それ以上に問題なのは、危険に対してあまりにも無防備すぎること。1ドル程度なら財布を出さずにポケットからサッと取り出すのが基本です。

人前でわざわざ財布を出すのは、50ドル以上の高額チップを払うような場合のみ。そんな時は相手に「エクスキューズミー」と断ってから、おもむろに財布から紙幣を取り出し、笑顔で「サンキュー」と渡します。

チップをまとめておくのに役立てたいのがマネークリップです。1ドル10枚、5ドル5枚、

10ドル1枚、20ドル1枚程度を常にキープしておくと、いざという時あわてずにすみます。ただし、マネークリップに挟んでいいのは20ドル紙幣まで。50ドル紙幣や100ドル紙幣などの高額紙幣は、あなたがそれなりの額をチップとして払えるレベルのゲストでなければ、クリップには挟んではいけません。

女性は服にポケットが付いていない場合も多いですし、そもそもポケットから紙幣を出すのはあまりエレガントとはいえません。ハンドバッグを開けてすぐにサッと取り出せる場所(内ポケットなど)に、1ドル札を折りたたんで忍ばせておくといいでしょう。もちろん、レシートやカードで膨らんだお財布を取り出すのはもってのほかです。

Guest Relations/Shangri-la Hotel, Dubai (Dubai, U.A.E.)

元一流
ホテルマンからの
アドバイス②

海外に行く前にチップの常識を知っておこう

プロフィール
奥谷 啓介
1960年東京都生まれ。ウェスティンスタンフォード＆プラザシンガポール、ハイアットリージェンシーサイパン等勤務の後、1994年よりニューヨークのプラザホテルに勤務。2005年プラザホテルの閉館に伴い退職。現在はニューヨークにてホテルコンサルタントとして活躍中。

海外、特にアメリカはチップの世界です。ところが、日本人ビジネスマンの多くはチップの仕組みや相場といった常識をまったく知らないままやってきます。そしてチップを払うのを嫌がりますが、それは彼らがチップの意味を知らないからです。チップに対する無知がアメリカでどういった結果を引き起こしているのか、皆さんはご存じでしょうか。アメリカのほとんどの高級ホテルで「日本人はどんなお金持ちでもケチだ。ろくにチップをくれない」と思われているのです。

チップは労働の対価であり、日本でいう「心付け」とはまったく異なるものであることは本文でも解説済みですが、アメリカではチップで暮らしている人々がたくさんいます。ホテルのドアスタッフやベルスタッフ、あるいはウエイター、ウエイトレスといった職種に就く人々です。そういうサービススタッフが、チップを多く渡してくれる人に、よりサービスしたいと考えるのは当然のことでしょう。逆に「この人はチップをくれないかも」と思われれば、サービスも悪くなりますし、その人には近寄りたくないと思われても仕方がないわけです。

高級ホテルの場合、ベルスタッフに荷物を持ってもらったら、一つにつき3ドルが相場です。二つなら当然6ドル渡します。しかし、日本人ゲストは荷物一つにつき1ドル、二つでたった2ドルしか出さない。それではチップの相場のわずか3分の1ですから、ベルスタッフがムッとするのは当然です。彼らは人を見抜くプロです。

私がプラザホテルで働いていた時も、ベルキャプテンがこう言っていました。「トゥミかハートマンのバッグを持っているゲストは金持ちだ。だからベルスタッフは、みんなそのゲストのバッグを運びたがる。多くのチップが期待できるからね」彼はその後こうも続けました。「だが日本人は別だね。ルイヴィトンのバッグを持っているからと、ベルスタッフが期待に胸を膨らませて運んでいったとしても、戻ってくるといつも渋い顔をしているよ」。これはかつて日本の旅行会社が「手荷物一つにつき1ドル」と教えていたせいかもしれませんが、物価は右肩上がりに上昇していますし、ホテルのグレードによってもチップの相場は異なります。

考えてもみてください。ベルスタッフが荷物を持って、ゲストと一緒に部屋まで行くとします。そこで部屋の案内をし、窓を開けたりしていたら、20分はかかります。なのに2ドルしかもらえなかったら、彼らの時給は6ドルということになります。

P.122「そもそも『チップ』とは」で説明されている通り、アメリカではチップは給与体系に組み込まれており、ベルスタッフのようにチップをもらえる部署はその分給与が低く設定されています。ですから、チップが少ないということは彼らの収入減に直結するわけです。日本人はこの点がなかなか理解できず、「なぜそんなにチップが重要なのか」「給料をもらっているのだから、別にチップが少なくても問題ないのでは?」と思ってしまうのではないでしょうか。

逆にハウスキーピングなどチップが少ない部署はその分給与が高めに設定されていますので、ピローチップはそれほど払わなくても問題ではありません。

ハウスキーピングの場合、30分かけて掃除して、もし2ドルのチップしかもらえないとしたら、とても生活できません。ですから、アメリカでは彼らの給与体系はチップに頼らなくてもいいようになっています。ハウスキーピングへのチップは、それこそ「心付け」でいいのです。チップがなくても、彼らはそこまでがっかりしませんから。

また、ドアスタッフにもどうやって渡すか覚えておくといいでしょう。

何も荷物を持たないでホテルに入るのであれば、チップは不要です。ドアを開けたわずか10秒のためにチップを払うことはありません。しかしドアスタッフが車から荷物を取り出し、しかるべき場所まで運び、ベルスタッフに引き継ぐまでチェックしなければならない場合は、そのサービスに対してきちんとチップを払うべきです。荷物一つに対して2ドルが相場でしょう。出かける時も、荷物はなくてもドアスタッフにタクシーをアレンジしてもらった場合、その努力に対しても2ドル渡します。このように、チップは労働の対価であるという考えに基づいて、その金額が決まってきます。チップの仕組みがわかると納得できますが、何も知らないと損したような気分になるのかもしれません。

しかし、日本で1泊3万円のホテルに泊まれば、有無をいわさず3000円のサービス料が徴収されるではありませんか。3泊すれば9000円です。アメリカのホテルにはサービス料はありませんから、どんなにチップをはずんでも、3泊で90ドルも取られることはないはずです。日本のほうが、よほど多くのチップを出していることになるのですが、最後の勘定にそれが含まれているので、目につかないだけ。チップが日本のサービス料と同じで、しかも日本よりも割安なのだと理解してもらえれば、「だったら多少多めにチップをはずんでもいいか」という気になるのではないでしょうか。

チップを多く渡せばスタッフに顔を覚えてもらえますし、サービスの質も格段に上がります。チップを出し惜しみしたためサービスが悪くなったのに、後から来たチップの払いのいい人が優遇されると、多くの日本人は怒ります。しかし、その原因は自分にあるということを自覚すべきです。ビジネスステイでアメリカを訪れるのであれば、ホテルやレストランの場所を調べ、ビジネスに必要な情報を得ることだけで満足するのではなく、ぜひ予備知識としてチップの常識や相場も頭に入れておいてください。

覚えておこう！

セイフティボックスを活用しよう

セイフティボックスとは安全金庫または保管庫のこと。余分な現金、パスポート、航空券、重要な書類等は必ずセイフティボックスに保管しましょう。たとえ有料であっても、災難防止のためと思えば安いものです。

「セイフティボックスに入れても危ないのでは？」という声もありますが、持ち歩いているほうがよほど危険です。落としたりすられたりするだけでなく、一歩間違うとその貴重品目当てに狙われることも。もし観光等でパスポート番号が必要になる場合は、コピーを持っていけば安心です。

セイフティボックスの使い方は、客室に案内してくれたスタッフが説明してくれますが、よくわからないときは実際に操作してもらい、スタッフが退出する前に再度確認してみることをおすすめします。

ただし、くれぐれもチェックアウト時に取り出し忘れのないように気を付けてください。空港に着いてからパスポートを忘れたのに気づいたりしたら、目も当てられません。なお、取り出した後は、扉を開けたままにしておくことも忘れずに。

第7章

ホテルでのコミュニケーション

明確な意思表示がコミュニケーションの第一歩

欧米では社会的地位が高くなればなるほど、心に余裕があればあるほど、他人とフレンドリーに接します。高級ホテルに泊まっているゲストもまた、そうした心得を持っている人たちです。見知らぬ同士でも、目が合ったら必ず軽く会釈や挨拶を交わします。

日本人は「正しい英語を話さなくては」と思うあまり、なかなか言葉が出てこないといいます。語学力に自信のない人はもちろん、話せる人であっても、とっさの場面で気の利いた言葉が出てこないこともあるでしょう。そのときは、目を見てにっこり笑って「サンキュー」だけでもいいのです。そうしてホテルやレストランのスタッフとの何気ない会話で、さりげなくフレンドリーに振る舞えたら、あなたの好感度は必ずアップするはずです。

また、外国人と心を開いたコミュニケーションをするためには、きちんと自己主張をすることも大切です。無意識のスマイルと「イエス」の連発では何も伝わらないし、解決しません。

イヤなことや無理な要求には引き締めた表情で「ノー」、わからないことは「わかりません。もう一度お願いします」と、はっきり言って構わないのです。

肝心なのは、どんなときでも明確な意思表示をためらわないこと。そしてそのために必要なのは、積極的にコミュニケートしようとする気持ちです。


海外ホテルでは、日本人ゲストは文句も言わず扱いやすい、とても良いゲストだというコメントを耳にします。しかし、これは子どもへの評価であり、決して大人への褒め言葉ではないと思いませんか？

「黙っていても気持ちは通じるはずだ」と思うのは、日本人特有の甘えでしかありません。自分にどんな肩書があったとしても、相手がどんな立場の人であろうと、対等な人間として礼儀をわきまえて接し、きちんと言葉や態度で気持ちを伝える。明確な意思表示こそ、心を開いたコミュニケーションの第一歩です。

「フレンドリー」にも品格がある

「フレンドリー」とは、対等な関係にある者同士の、「礼儀をわきまえた上での親しみやすさ」のことであり、「ぶしつけななれなれしさ」とは違います。

日本では、親しさを表すために、敢えて相手を貶《おとし》めるような言動をすることがありますが、海外ではこうした表現方法はなかなか理解されません。こちらは親しみを示したつもりでも、相手は「バカにされた」と感じて不快に思うかもしれませんし、時と場合によっては深刻なトラブルにまで発展することもあります。謙遜のつもりで、家族や同僚など、身内を貶めるような冗談を披露することも慎んだほうがいいでしょう。

また、親しみを表そうとしてやってしまいがちな間違いが、相手をいきなりファーストネームで呼んでしまうこと。ホテルスタッフのネームプレートなどに、「ジョン」や「ケイト」と名前しか書かれていない場合は、「どうぞ名前で呼んでください」というサインと受け取って構わないのですが、そうでない場合はあくまでも「ミスター名字」「ミズ名字」が基本。何度か会話を交わしているうちに、相手から「プリーズコールミー、ジョン」と許可があって初めて名前で呼んでいいのです。高級ホテル、特にアメリカでは気を付けたいポイントです。

一方、敬語表現のあるアジアやヨーロッパ圏では、初対面の人との面会では基本的に敬語で話すようにします。商談相手だけでなく、ホテルスタッフやレストランのウエイター、ウエイトレスに対しても、自分より明らかに年長者だと思われる相手には、敬語を使うのが無難。相手が「〝君〟〝あなた〟で話しましょう」と切り出すまでは、どれほど親しくなろうとも敬語を使うのがマナーです。

慣れない国でグッドゲストとして遇してもらうためには、まず礼儀正しい言葉づかいを心がけることが大切です。たとえ上手に話せなくても、丁寧な口調や態度を忘れず相手に敬意を持って接すれば、誰もが心のこもった応対をしてくれるはずです。

振る舞いにも求められるTPO

高級ホテルや高級レストラン、オペラハウスといった場所では、その場にふさわしい服装やマナーが求められます。「そんなこと当たり前でしょ」と思っていても、はたして実際にそれができるかと聞かれれば、多くの人が、とたんに自信がなくなってしまうのではないでしょうか。

そもそもこれらの場所は、かつて貴族や富裕層の社交場として機能していた場所であり、選ばれた人々のみが出入りを許されていた空間でした。今ではお金を払えば誰でも利用できるようにはなりましたが、やはりそこには暗黙のルールやマナーといったものが厳然として存在しています。

たとえゲストであっても、何をしても自由というわけではありません。その場にふさわしい服装が求められるのはもちろんのこと、大声でのおしゃべりや高笑いは禁物です。それを知らずに足を踏み入れてしまった人が、その場にふさわしい振る舞いができなかった場合には、周囲の冷たい視線を覚悟しなければなりません。

しかし、普段「貴族や富裕層の社交場」とは縁のない生活を送る私たちには、ふさわしいマナーと言われてもピンとこないことも多いかと思います。それではどうすればよいのでしょうか。

一番手っ取り早いのは、周囲をよく観察することです。他のゲストの服装、マナー、振る舞い。これらを観察し、真似をしてみる。ちょっと面倒かもしれませんが、むしろその非日常感を楽しむつもりで、いつもよりちょっと背筋を伸ばして歩いてみてはいかがでしょうか。

The Royal Plaza Suite Study/The Plaza (New York, U.S.A.)

「お客様は神様」ではない

海外進出する日本人ビジネスパーソンが増えてきたのは実に頼もしい限りですが、その海外経験の「慣れ」が、時として「不遜な態度」や「横柄さ」につながってしまうこともあるようです。

「高いお金を支払っているのだから要求しなければ損だ」
「サービス業なんだからゲストの言うことは聞くべきだ」

こうした態度は日本人に限ったことではありませんが、やはり日本人、特に年配の男性に多く見受けられるような気がします。建前はどうであれ、心中にはいまだに「お客様は神様」的な意識が根付いているのかもしれません。事実、日本ではその人がゲスト＝神様である限り、多少理不尽な要求であってもたいていのことは許されてしまいます。

この、「お客様は神様」という言葉が日本のサービス業の象徴だとしたら、アメリカのそれは「お客様は王様」。同じようなニュアンスに思えるかもしれませんが、両者には大きな違いがあります。

「神様」は絶対的な存在ですが、「王様」はあくまでも生身の人間であり、絶対的な存在ではありません。人間である以上、間違いを犯す可能性はあるし、法律も守らなくてはならない。もし罪を犯したら罰せられても当然という考え方です。

前出（P.146）の奥谷啓介氏も、「アメリカでは、ホテルでサービスを提供するサービススタッフも、それを受けるゲストも、同じ視点で動いています。失礼な態度を取る客に対しては、サービスする側も厳しい対応で望みます。だから、サービススタッフがゲストに媚びへつらうことはありませんし、ホテルのミスでゲストが不快な思いをしたとしても、ゲストは法律を意識しながら苦情を訴えなくてはならないのです」と言います。

横柄で不遜な態度や命令口調は禁物。気持ちよく滞在するために、相手への敬意と丁寧な対応を心がけたいものです。

出張の達人直伝！
海外ホテル
活用術②

ホテルのリノベーション情報は事前にチェックを

プロフィール

岩澤 俊典

アビームコンサルティング株式会社代表取締役社長。1966年東京都生まれ。東京大学農学部卒業。97年、デロイトトーマツコンサルティングに入社。2000年、同社の執行役員に就任。07年、アビームコンサルティング（03年に社名変更）の執行役員兼マネージングディレクター。09年より現職に就任。

大切な出張前のチェック

私は年間10か国20回以上の海外出張に出向きます。行き先は中国、マレーシア、タイ、シンガポール、インドネシアなどのアジア諸国をはじめ、ドイツ、アメリカ、イギリス、ブラジルなど、当社の事務所がある国やその周辺国に出かけることがほとんどです。これまでの海外渡航回数はおおよそ220~230回ほど。そのほとんどがビジネストリップで、空港、ホテル、オフィスの行き来だけで観光はありません。

すべてミーティングの日程に合わせて顧客を訪問するので、日程はだいたい2~3日、スケジュール的にはタイトな出張が多いです。

ホテルの予約はアシスタントに任せていますが、基本的にはロケーション重視で当社の事務所の近くの大手ホテルチェーンを選びます。私はどちらかというとビジネスに適した環境が整った新しいホテルのほうが好きなので、シャングリラやヒルトンなどをよく利用します。バンコクだったら、オークラもいいですね。

出張前に必ずチェックしておきたいのは、ホテル内のリノベーション（改装）情報でしょう。ホテルに着いてから、改装工事中だということがわかっても後の祭りなので、事前の確認は必須です。特に得意先と一緒の出張のときにチェックしていなかったら「なんで事前に調べておいてくれなかったの？」などと言われて困ることにもなりかねません。また、私自身は時間がないのでほとんど利用することはありませんが、プールやジムが欠かせない人も、これらの施設のリノベーション情報をチェックすることをおすすめします。

得意先の方と同じホテルに宿泊するときは、自分の部屋は顧客の部屋よりも下のフロアを予約することをお奨めします。お客様と一緒にエレベーターに乗って、相手が先に降りるようなことにでもなれば、やはり気まずいものです。そういったマナーは海外に行っても気を付けるべきだと考えています。

ホテルに求めるものを明確にする

私がホテルに求めるのは、静かでリラックスできる環境です。

海外出張中ともなれば、日中は時間に追われて飛びまわっていますから、ホテルに帰ったときくらいはゆっくり休みたい。私には誰にも干渉されずにくつろげるスペースが必要だと感じています。ですから、エレベーターホールの近くなど、人が集まる場所の近くの部屋は極力避けるようにしています。エレベーターの操作音はもちろんですが、人の出入りが多いとやはりどうしても騒音が気になるからです。

14年ほど前に、北京のホテルでそういう部屋に当たってしまったときには、深夜にエレベーターホールで一組の男女が大喧嘩を始めてしまって、とても寝ていられないような状況になってしまいました。海外のこうしたトラブルの場合、止めに行くわけにもいきません。眠ることもできず、ホテル側に苦情を入れてひたすら騒ぎが収まるのを待つしかありませんでした。

部屋の場所ばかりでなく、部屋の構造も重要です。壁が薄かったり、ドアや窓が隙間だらけだったりして、遮音されないまま外部の音が部屋の中に入り込んでくるのでは、なかなかリラックスできません。逆に私の場合、照明が暗いとか、アメニティが充実していないといったことはあまり気になりません。

冒頭新しいホテルを利用することが多いとお話ししたのも、新しいホテルのほうが防音面で優れているからです。私のように静かな環境にこだわるのなら新しいホテルを選んだほうがいいでしょう。個人的にはシンガポールに行ってもラッフルズに泊まるより、静かな環境と仕事がしやすいテーブル、電話会議もできるスピーカー付きの電話があるようなビジネス仕様のホテルチェーンのほうがいいですね。

ただ、ニューヨークに行くときは大手のホテルチェーンよりも、「ハイアット 48 レックス」や「ザ ゴッサム ホテル」のようなこぢんまりとしたブティックホテルを選びます。

ニューヨークでは大きなホテルは誰でも出入りできますが、ブティックホテルは建物も小さく、エントランスも限られているため、逆にセキュリティ面でも安心ですし、従業員の目も隅々まで届いているので快適です。

部屋に入ったら最初にすべてをチェック

ホテルにチェックインして部屋に入ったときに、ホテル内外の騒音がひどかったり、禁煙ルームを頼んだのに喫煙の部屋がアサインされていたりしたときには、すぐにその場でフロントにお願いして部屋を変えてもらいます。

こうした場合、部屋に入ってすぐに言うのがポイントです。

ベッドに寝たり、備品を使ったりしないうちに部屋を変えてほしい旨を伝えれば、鍵を取り換えるだけで済みますから、ホテルスタッフもスムーズに対応してくれるはずです。

それ以外で必ずチェックするのは、トイレなどの水まわり。十数年前にアメリカのホテルに宿泊した際にトイレが詰まって流れなくなり、たいへん困ったことがあるからです。その経験から、部屋に入るとトイレを使う前に水が流れるか、タンクにきちんと水がたまるかは必ずチェックするようになりました。アジアのホテルは比較的新しいところが多いのであまり心配はいりませんが、欧米のホテルは施設自体が古いことが多いため、用心が必要です。

私がホテルの施設でよく利用するの

Deluxe Room/Shangri-La Hotel, Surabaya (Surabaya, Indonesia)

は、ビジネスセンターの会議室ですね。ビジネスには、オフィスで公然と行なうわけにはいかない会議や会合がつきものです。そういった場合には、ビジネスセンターの会議室やホテルのラウンジを利用することが多く、非常に重宝しています。

過度の期待は、ストレスのもと

海外のホテルを利用するときに、あらかじめ承知しておいてほしいのは、日本のホテルと同様のサービスを期待してはいけないということです。

ある程度のランクのホテルならば、通常はマニュアル通りすごくいい対応をしてくれますが、日本のホテルのようにいざという時にすべてのスタッフが臨機応変に対応してくれるわけではありません。

特に欧米のホテルではマニュアルにない不慮の事態が起きたときにはスムーズな対応が望めないことが多い。そこはそういうものと割り切っていかないと、いらぬストレスを抱えてしまうことにもなりかねません。

もっとホテルスタッフとコミュニケーションが取れれば、サービスの質も違ってくるのかもしれませんが、私の場合、海外出張となるとスケジュールが詰まっているので、残念ながらホテルスタッフとコミュニケーションを図る余裕がないのが実情です。

それでも、今後はもう少し余裕を持って、スタッフとのコミュニケーションを意識して楽しめるようになりたいと思っています。

覚えておこう！

「アパートメントタイプ」は要注意

長期出張では、コストや利便性を考慮してアパートメントタイプのホテルを利用する企業も増えてきています。レストランやジムなどの施設はなくても、キッチンやランドリー設備が付いていればマイペースで気軽に過ごすことができるし、何より安上がり。食事制限などを受けている人にも好都合です。

アジア方面では、デラックスクラスであればホテル並みの設備を備え、24時間フロントがオープンしているところがほとんどですが、中には普通に生活するための、いわゆる「アパート」が貸し出されることも。こうしたアパートの多くは、入室前にルームキーを管理事務所などの指定場所に取りに行く必要があるため、スケジュールが詰まっているときや夜中のフライトで到着した場合、普通のホテルのようにすぐに部屋に入ることができずわずらわしい思いをすることになります。

また欧米では個人オーナーが貸し出している物件が多く、門限があるなど、かえって行動を制限されることも考えられます。アパートメントタイプのホテルを選ぶ際には、鍵の受け渡しがどうなっているかなどを慎重に確認しましょう。

第8章

一目置かれる
クレームのマナー

「穏やかにかつ毅然と」が大原則

日本人はクレームをスマートに伝えることが苦手です。たとえ正当なクレームであっても、「気まずい思いをするのではないか」と考え、我慢を重ねた結果、堪忍袋の緒が切れて大爆発。ささいな事柄が、必要以上に大きなトラブルに発展してしまうケースもあるようです。そうならないために、次のことをぜひ覚えておいてください。

大原則は「穏やかに、かつ毅然と」、そして「その場で」伝えること。

問題が起きると、人はついカッとなってしまいがちですが、相手も人間です。たとえホテル側のミスが原因であったとしても、あまり感情的に怒鳴られたりすると、前向きに対処しようとする気持ちも萎《な》えてしまいます。

求めるゴールは、今ここにある問題を解決することであり、相手を責めることや謝罪させることではないはずです。たとえ形ばかりの謝罪をさせたところで、双方とも何も得るものはありません。逆に、クレームを伝える側が配慮と敬意を持って接すれば、相手も真摯に受け止め、誠意を持って対処してくれるでしょう。時に笑顔を交えながら丁重に自分の言い分を伝えることも、交渉スキルの一つです。

万一相手がこちらの訴えを真摯に受け止めず失礼な態度を取るような場合には、こちらも毅然とした態度で抗議しましょう。クレームは穏やかさだけではなく、自分の言い分をしっかりと主張する強さも必要です。

もう一つのポイントが、「すぐ、その場で」伝えること。例えば、ホテルの部屋に何か問題があった場合、即、フロントに連絡してください。「明日出かける時に言えばいいか」と先送りにしてはいけません。というのも、ホテルはシフトでスタッフが入れ替わるため、事情がわからなくなることがあるためです。また時間がたつと、トラブルの原因があやふやになってしまう可能性もあります。トラブルは、気づいたらすぐ訴えることが大切です。

クレームするような状況は、できれば起きないでほしいもの。でも万一問題が発生した場合には、お互い気持よく問題解決に向かえるようなコミュニケーションを心がけたいものです。

クレームもコミュニケーションの一つ

本来なら、正当なクレームは企業にとって宝のようなもの。耳の痛いこともありますが、「お客様からの問題提起」と考えれば、その企業が抱える問題に気づかせてくれるきっかけであり、新たなビジネスのヒントにもなるからです。

とはいえ、それを言うのが人間なら、受けるのもまた人間。あまりにも感情的な言葉で責められると、真摯な気持ちで受け取ることは難しくなります。

クレームとは本来、相手を見て、冷静に判断し、最良の結果を引き出すために押したり引いたりするコミュニケーションです。上手なクレームは褒め言葉と同じで、言った人も言われた人もお互いに気持ちよく和解できてこそ。ホテルでクレームを伝えるなら、自分が何を希望しているのかをきちんと把握して冷静に行動しましょう。

タオルがないとか、電球が切れたのに換えに来てくれないというようなささいな問題なら、部屋でイライラ待つよりも、自分からフロントに行って「取りに来たよ」とさりげなくイヤミを言ってみてはどうでしょう。きちんとしたホテルなら、恥じ入って大いに反省するはずです。平然としているようなら、そのホテルのレベルは、それなりということ。激怒してスタッフを怒鳴りつけたところで、自分がイヤな思いをするだけです。それよりも、自分の要求と相手の限界をちゃんと見極めて折り合いをつけるといった、スマートなやり取りを心がけたほうがずっと建設的です。

相手がそっけない態度だと、クレームを言うほうも怒りに拍車がかかりがちですが、感情的にこじれて収拾不可能にならないよう、時には笑顔で皮肉を言うのも効果的かもしれません。もちろん、相手ができるだけのことをしてくれたと思ったら、多少物足りなくとも、笑顔で感謝の気持ちを伝えましょう。

「俺は客だぞ」は通用しない

ホテル滞在中にトラブルに遭遇した場合、どれほど正当な理由があってクレームするとしても、絶対にしてはならないのが、ゲストという立場をカサに着て威圧的な態度を取ることです。

日本ではサービスする側の立場が極端に弱いため、「俺は客だぞ」と声を荒らげれば、ゴネ得がまかり通るようなところがあります。しかし海外ではサービスする側とされる側に上下はなく、立場はあくまでも対等です。たとえ相手に落ち度があったとしても、クレームを伝える際に高圧的な物言いをしたり、感情をコントロールできないような人は、はっきりと軽蔑されてしまいます。

さらに欧米は法律でサービスする側の権利がきちんと守られているため、クレーマーの嘘や誇張、ゴネ得を許しません。

例えば、ホテルで客室のセイフティボックスに入れた財布がなくなった場合。海外のホテルは客室内での紛失に関しては一切責任を取りません。ゲストがホテルの管理体制を責めたとしても、ホテルは「そこに財布を入れたことを誰が証明できるのか」と主張するでしょう。証明できない以上、それはゲストの一方的な訴えにしかすぎず、クレームとして成立しません。海外では自分の身と持ち物は自分で守るのが常識。ゲストにも自己責任が強く求められるのです。

また、アメリカの高級ホテルでは、エレベーターや廊下、ロビーなど館内のいたるところに防犯カメラが設置されているため、必要とあらばすぐに録画が確認できるようになっています。ルームキーにも、いつ、誰がドアを開けたかが記録されています。こうした防犯対策は、犯罪からゲストを守るだけではなく、時にモンスターと化すゲストのクレームからホテルを守ってくれるのです。

クレームを訴える際は、どんなに腹が立っていても、冷静な態度と丁寧な口調を忘れてはいけません。そしてゴネ得を目論んでの言いがかりは、通用しないばかりか反対に訴えられることもあることを覚えておきましょう。

アウトローにならないために

海外におけるサービス業は、日本では考えられないほど役割分担が明確です。例えばホテルで、コンシェルジュに依頼すべき事柄をフロントにリクエストすると、「できない」「知らない」と言われてしまいます。決して意地悪や怠慢ではありません。仕事の分担上仕方ないことですから、できないことはできないのです。

ところが日本人にはこの理屈がなかなかわかりません。いくら文句を言ったところで、言われたほうにしてみれば本当に自分にはそれに対応する権限がないわけで、自分の担当でない以上、「できない」としか言いようがありません。これが日本人には「誠実さが足りない」と映ってしまう。そのあげく激怒してホテルスタッフに噛みつく。こんな光景が、残念ながら世界中のホテルで目撃されています。

アメリカは、さまざまな国からさまざまな文化や慣習を持った人々が集まっているため、法律という共通の行動指針で社会が厳然とコントロールされています。たとえゲストであろうと、法律を守らない者は「アウトロー」と見なされ、その場から排除されてしまうでしょう。ですからクレームにもそれなりのマナーやルールが課せられます。例えばレストランで、サービスに何らかの不備があったときには、ゲストはウエイターなりウエイトレスなりに「マネージャーと話したいのですが」と丁寧に声をかけなくてはなりません。その上でサービスが悪かった旨を告げれば、きちんと謝罪があるはずです。

しかし、ゲストが「マネージャーを呼べ！」などと怒鳴ろうものなら、店で暴れる無法者と見なされ追い出されてしまうでしょう。

「日本ではこれが常識だ」「日本ではこんなこと考えられない」という日本基準の考え方は通用しません。気づかないうちに「アウトロー」と見なされないよう、自分の言い分が正当なのかどうか、もう一度冷静に顧みることが大切です。

ホテルマンが教える上手なホテルの使い方②

郷に入れば郷に従え——。現地の習慣・文化もお伝えします

インターコンチネンタル クアラルンプール　総支配人　ハフィッド・アル・ブサイディ

当ホテルを利用される日本人のお客様は、クアラルンプールでのビジネスを目的とした滞在がほとんどです。当ホテルの従業員は、日本人のお客様の基本的なビジネスマナーや日本のしきたりについて基本的な知識を共有し、滞在中のニーズに応えられるようにしています。また、私がインターコンチネンタルホテル大阪の総支配人として日本での1年半あまりの駐在で得た知識や経験を伝えることもあります。当ホテルにはまた、日本人のゲストリレーションズ・マネージャーがおり、ビジネスおよびレジャーで滞在される日本人のお客様に対して日本語で対応しております。また、当ホテルの日本料理レストランの総料理長は日本人で、本格的な日本料理に定評があります。

マレーシアは多民族・多文化社会であるため、マレーシア人のビジネスパー

インターコンチネンタル クアラルンプール(コンシェルジュデスク)

総支配人
ハフィッド・アル・ブサイディ

インターコンチネンタル クアラルンプール

ソンは国際的なビジネスマナーを身につけています。その中においては、外国人の方もマレー人あるいはイスラム文化を理解し、その環境に慣れることが必要です。

ドレスコード

男女ともに素肌を多く見せることはタブーです。また、どういう場面でどの程度の肌の露出が制限されているかを理解する必要があり、慣れない人にとっては、その厳格さに戸惑うかもしれませんが、非常に重要なポイントです。

マレーシアのイスラム社会では、男女ともに上半身・下半身ともに布で覆うこと（露出しない）、袖つきのシャツ（半袖の場合は肘がかくれる長さ、女性は長袖が望ましい）、ズボンやスカートは膝がかくれる長さ（足元までの長さが理想的）、また、女性の場合は体型がわかるような衣類は布で覆うといった服装が基本です。

都市やビーチ、スポーツをする場合は、服装の制限はやや緩和されますが、その場合の最低限の服装ルールが提示されています。

イスラム教社会では、地面の汚れがつく靴の底は汚らわしいという意識が強いため、イスラム教徒の家に入る際は、家の中やカーペットの敷かれたエリアに入る前に、靴を脱ぐ習慣があります。

身体への接触など

保守的なイスラム教社会で避けるべき二つのことは、まず、公衆の面前で体に触れること（手をつなぐことは大丈夫だが、キスはしない）、そして、アルコールが許可されている場所以外での飲酒です。多くのリゾートでも厳しく守られています。異性と握手はせず、その代わりに微笑んだり、インフォーマルな雰囲気であれば自分の右手を自分の胸に当てるのが挨拶代わりになります。

なお、イスラム教徒もインド人も左手は不浄とされ、左手で他の人に接触したり、物を食べたりしないため、こちらも気を付けましょう。

お祈りの場所

イスラム教社会では、街中のいたるところでイスラム教寺院やモスクがありますが、大きな寺院では観光客向けのガイドなども提供されています。中に入るときは、先述のイスラム教文化のドレスコードを守り、女性は頭部を布で覆う必要があります（多くの場所では布を貸し出しています）。イスラム教徒以外はお祈りの時間は中に入ることや入れる場所が制限されますが、外から眺めることはできます。

当ホテルについて

当ホテルは、クアラルンプール・シティセンター（ＫＬＣＣ）の中心に位置し、有名なペトロナスツインタワーの他、金融街や大使館が集まるエリア、ショッピングやエンターテインメントも5分以内の徒歩圏です。公共交通機関のＬＲＴ駅もすぐ隣です。また、ＩＨＧのグローバルスタンダードに基づいた安全性の確保を徹底しています。

また、当ホテルは、空港でのVIP出迎えサービス、パスポートコントロールなどを提供する他、レジャーのご用命については、インターコンチネンタルの誇るコンシェルジュサービスで、クアラルンプールあるいはマレーシアならではのかけがえのない体験をご提案いたします。

最後に、当ホテルの特長は、ビジネスでの滞在でもオンとオフの切り替えがスムーズにできる、バランスの取れた施設とサービスにあります。抜群のロケーションや安全性のほかに、アジアンテイストを取り入れ改装間もない客室とロビー、都会にありながらリラックスできるプールのある中庭といった施設はもちろんのこと、控えめで行き届いた従業員のサービス、定評のあるビュッフェレストランなど、充実したクアラルンプールでの滞在に、ぜひご利用ください。

ホテル名：インターコンチネンタル クアラルンプール
住所：165, Jalan Ampang, 50450 Kuala Lumpur, Malaysia
URL：http://intercontinental-kl.com.my

覚えておこう！

シチュエーションに合わせた服装を

出張先で取引先とのディナーの約束がある、あるいはパーティーに招かれているといった場合、何を着て行くべきか迷った方も多いのでは？

欧米のビジネスパーソンを見ていると、そのあたりの切り替えがとても上手です。特に女性は、日中はビシっとしたスーツを着ていてもディナーの席では素敵なドレスに着替えていたり、男性も、ネクタイだけ、あるいはジャケットだけかもしれませんが、明らかに昼間とはどこかが違います。

ディナータイムのために着替えるのは、欧米ではほぼ常識、最近はアジアでもそうなりつつあります。ということは、私たちも昼間と同じままの服装で出かけるのは失礼にあたる、もっといえば相手に恥をかかせる行為だということです。

TPOや相手に合わせてファッションを柔軟に変えるのは、ビジネス成功のためにも重要なこと。「どうせ出張だからスーツだけでいい」などと考えてはいけません。多少荷物にはなりますが、女性ならばワンピースとヒールの靴、男性もドレスアップ用のジャケットや小物を持っていきましょう。自信を持って華やかなシーンに臨むことができますよ。

第9章

出張成功の鍵はホテルにあり

「結果を出す」ためのホテル選びとは

海外出張での最優先事項は「いかに結果を出すか」。そのためには、リスクを最小化し、成果を最大化するためのあらゆる手段を用いることが必要です。もちろん、ホテルの果たす役割も小さくありません。

慣れない環境で緊張を強いられ、ただでさえ疲れのたまりやすい海外出張。しっかり体調を整えて万全の状態でビジネスに臨むためには、ある程度以上のクラスのホテルを選ぶことが必要です。足がゆったり伸ばせるベッドや、十分なお湯の出るシャワーはもちろんのこと、軽い運動ができるジムや、疲れがたまったときにマッサージが受けられるスパもありがたい設備です。また高級ホテルなら、万一体調を崩したときでもすぐに医師を手配してもらえる安心感があります。

仕事の効率にも、もちろんホテルのクオリティは影響します。一定レベル以上のホテルならば、広めのワーキングデスクに十分な数の電源を備えていることも多く、準備も効率的に進められることでしょう。しかし狭いテーブルしかない、ろくに書類も広げられないような客室では、限られた時間で準備をしなくてはならない海外出張において大きなストレスとなります。

また何かトラブルが起きたときの対応も、やはり高級ホテルとエコノミークラスのホテルとはまったく異なります。例えば持参したＰＣがネットにつながらない！　といった緊急事態にも、コンシェルジュやビジネスセンターがあれば対応してもらえる可能性が高くなります。が、自力で解決しなくてはならないとなれば、そちらにとられる労力と精神的負担はかなりのものになります。海外に出たら自己責任が基本。だからこそ、頼れるホテルは何ものにも代えがたい安心感を与えてくれるのです。

ホテルはあなたのステータスを示す重要なセルフプロデュースツールでもあります。ぜひビジネスにふさわしいホテルを選び、設備・サービスをフル活用して最大の成果を上げてください。

ホテルの歴史

ラグジュアリーホテルは貴族の旅から生まれた

ホテルの起源は17世紀のイギリスにあるといわれています。当時の貴族たちの子弟は教養のために「グランド・ツアー」と呼ばれる大規模な〝修学旅行〟を行なっていました。イギリスを出発し、ドーバー海峡を渡り、フランス、ドイツ、イタリア、スペインとヨーロッパのさまざまな国を巡り、各国の文化を学んでいったのです。

彼らの旅は、それは大仰なものでした。中世では何台もの馬車を引き、従者をぞろぞろひきつれての道行きです。しかも毎日どころか毎食のように衣装を着替えるのは当然、お茶も湯浴みも化粧も就寝も、すべて領地にいる通りにするのが基本スタイル。

しかし、旅行中どこへ行っても貴族が泊まれるような立派なホテルがあるとは限りません。そのようなときに、彼らは自分たちと同じ貴族が暮らす館に宿泊したり、あるいは「ヴィラ」と呼ばれる離宮を建てて領地と変わらぬ暮らしをしていました。

ヴィラ逗留で必要なのは、自分の権勢をアピールする壮麗な建物と豪奢《ごうしゃ》な内装や調度品、そしてすべてを怠りなく取り仕切る執事（バトラー）、24時間望み通りの料理を提供するコック、馬車の手入れを行なう御者や馬夫、身の回りの世話をするメイドなど。実はこれ、現代のホテルにも通じています。御者や馬夫がベルスタッフやエンジニアに変わっただけで、すべて現代のラグジュアリーホテルに置き換えることができるとは思いませんか？

そんなヨーロッパの上級階級から生まれた高級ホテルには、当然のこととして、求められるマナーや立ち居振る舞いが今も残っています。日本人には少々堅苦しく感じられたり面倒に思えたりするさまざまな暗黙のルールも、こうして考えれば納得していただけるのではないでしょうか。

特別寄稿
出張するすべての
ビジネスパーソンのために

ホテルマンを有能な部下に変える方法

満足度を上げる「五つの欲求段階」の使い方

ザ・ウィンザー・エンタープライズ株式会社
代表取締役社長 **窪山哲雄**

1948年福岡県生まれ。1971年慶應義塾大学法学部卒業後、ロンドン大学スクールオブエコノミクス(LSE)を経て1975年コーネル大学ホテル経営学部卒。

同年米国ヒルトンホテルズコーポレーション入社、ニューヨークのウォルドルフ・アストリアホテルに配属。1978年ホテルニューオータニ東京入社。1989年東京ベイヒルトン(現 ヒルトン東京ベイ)副総支配人。1991年、長崎ハウステンボス内のホテル運営会社㈱NHVホテルズインターナショナル代表取締役社長に就任、ホテルヨーロッパなど5ホテルを立ち上げる。1997年㈱ザ・ウィンザー・ホテルズインターナショナルを設立、代表取締役社長に就任し、北海道のザ・ウィンザーホテル洞爺リゾート＆スパの再建に取り組む。2013年に同社を退任、ザ・ウィンザー・エンタープライズ㈱の代表取締役社長に就任。㈱ザ・パーク グレイス・ホテルズ代表取締役社長に就任し、新ホテルブランド「The Park Grace Hotels (ザ・パーク グレイス・ホテルズ)」の立ち上げを目指す。

ここまで許される高級ホテルへのリクエスト

私のこれまでのホテル運営の経験から見ると、海外のホテルに頻繁に宿泊される方でも、チェックインしたときの状態のまま、客室のレイアウトを何も変えずに部屋を利用されるのが普通です。しかしこれは、とてももったいないことです。意外と知られていませんが、高級ホテルではデスクの位置や椅子の向きなど、使いやすいようにどんどん変えて構いません。

高級ホテルに泊まるのならば、価格に見合う以上の満足を得たいものです。それには、利用に関するちょっとしたコツを知るだけで、だいぶ変わってきます。

ホテルの利用術に長けている方はたくさんいますが、中でも1人、挙げるとするならば、作家であり、1960年代から20余年に渡って放送された人気深夜番組『11PM』のキャスターで知られている、作家の故藤本義一さんではないでしょうか。藤本さんはベッドの位置はもとより、ハウスキーピングに連絡し、照明の明るさまで変えておられました。

その他にも、アメニティ用品についてもリクエストを出しても構いません。例えば、シャンプーやリンスは、髪の長い女性の場合、一つでは足りないこともあります。そのときは最初から2個ずつ置いてほしいと頼めば対応してくれます。

客室のメイクアップについても同様です。例えば、外出から戻ったときに、客室のメイクアップが終わっていないことがあります。そんなとき、終わるまで待つのは時間の無駄ですし気分の良いものでもありません。そこで、外出するときに、「今から出かけるので、その間にメイクアップをしておいてほしい」とハウスキーピングまたはコンシェルジュに直接伝えておくとより確実です。

今の時代、顧客のリクエストに対応するのが高級ホテルの証しであり、そうでないところは普通のホテルです。リクエストに対応できないようなホテルは、むしろ利用しないほうがよいでしょう。

「マズローの欲求段階説」と高級ホテルとの意外な関係

「マズローの欲求段階説」をご存じでしょうか？　これは、アメリカの心理学者、アブラハム・マズローが、人間の欲求を五段階の階層に分け、理論化したものです。

人間の欲求には五段階の階層があり、私はこれを従業員教育やモチベーション形成に活用してきましたが、実はホテル空間の構成にも当てはまります。したがってこの五つの段階を理解しておくことが、満足度を上げるポイントになると考えられます。

五段階の欲求はこのように分解されています。

①生理的欲求（Physiological needs）
②安全の欲求（Safety needs）
③社会的欲求／所属と愛の欲求（Social needs / Love and belonging）
④承認（尊重）の欲求（Esteem）
⑤自己実現の欲求（Self-actualization）

人間は①のような低階層の欲求が満たされることで、より高次な欲求を求めます。その欲求を満たすことでより高次の階層の欲求を目指し、⑤の自己実現の欲求に向かうというものです。

ホテルも、この欲求を満たすように作られています。この順番をちょっと頭に置いておくと、ホテルライフはもっと快適に、満足度の高いものになると思います。

①「生理的欲求」を満たすには

「生理的欲求」とは生きていくための基本的で、本能的な欲求のことで、ホテルにおいては、睡眠や食事がこれにあたります。

この生理的欲求の部分を完璧にしなければ楽しくありません。食事について一例を挙げるならば、ベジタリアンであることや魚は苦手であることなど、嗜好は伝えるべきです。アレルギーなどがあれば、何よりも先に伝えなければなりません。また、メニューに食べられるものがないときは、海外の場合は日本と違い対応してもらえないことが多いのですが、一応は伝えておくとよいでしょう。

睡眠に関しては、明るいところでは眠れないお客様は遮光や照明について相談するとよいでしょう。その他にも、枕や空調など、快適な眠りは極めて大切なことですから、積極的にリクエストしてみましょう。こうした要望はコンシェルジュに伝えるのがよいです。コンシェルジュは一つの部署ではなく、ホテル内のさまざまなところとつながっています。食事、睡眠など、幅広くリクエストに応えてくれます。

②「安全の欲求」を満たすには

海外は治安の問題などもありますが、それよりももっと危険な状態に陥りやすいのは、病気にかかったときです。十分な語学力がないと病状をうまく表現できず、適切な治療が受けられないことにもなりかねません。

現地に着いたら、まずは日本語ができる人がいるかどうかを確認しておきましょう。今の時代、たいてい1人くらいは日本語が通じる人がいます。何かあったときに、その人に連絡してもよいかを聞けばいいのです。ほとんどの場合、大丈夫だと言われるでしょう。

海外でケガや病気になったときはクレジットカード会社のサービスで医者を見つけるのが便利ですが、日本語が通じる病院を常に紹介してもらえるとは限りません。語学力が心配な場合はホテル到着時にコンシェルジュとよく相談しておくべきでしょう。

③「社会的欲求／所属と愛の欲求」を満たすには

三つ目の「社会的欲求／所属と愛の欲求」とは、集団に属する、仲間が欲しいという欲求、言い換えれば、ネットワークの中でつながっていたいという欲求であります。

高級ホテルでは、時折小規模なパーティーを開きます。こうした機会には、積極的に参加するとよいでしょう。宿泊するお客様の間でネットワークが広がり、それがビジネスに役立つことも期待できます。高級ホテルを使うほうがよい理由はここにもあります。会社から支払われる手当てに、自分のお金を足してでも、ワンランク上のところに泊まれば、宿泊以外の部分でもリターンが得られることもあります。

④「承認（尊重）の欲求」を満たすには

四つ目の「承認欲求（尊厳欲求）」とは、他者から認められたい、尊敬されたいという欲求です。これもホテル主催のパーティーなどに参加することで満たされます。パーティーでは会話を通して互いの能力などを認め合うことがよくあります。

さらに、パーティーにはホテルのマネージャーが参加することがあります。マネージャーとの接点ができ、より一層認識してもらえると次回の宿泊でのより快適な滞在にもつながります。自分が認められた実感は、さらに高い満足感を得ることに繋がるでしょう。

⑤「自己実現の欲求」を満たすには

最後が「自己実現の欲求」です。これは、自分の持つ能力や可能性を最大限発揮したいという欲求です。食事や睡眠といった基本的なことが満たされ、病気などの心配もなくなれば、仕事の上で安心して自身の能力を発揮する場が出来上がります。

さらには、パーティーでマネージャーとも顔がつながり、お客様同士のネットワークができたら、それがビジネスにプラスに作用します。結果、さらに、自身の能力を仕事で発揮できるようになります。そのときホテルは最強のパートナーとなることでしょう。

このように、良いホテルとはお客様の欲求の五つの段階がすべて満たされるようにできています。まずは、ご自身の目でホテルの善し悪しを見極め、使いやすいホテルを自分でこしらえてみてください。そうすれば個人的な旅行もビジネスステイもより楽しくなるに違いありません。ホテルはたくさんの機能を持っていますから、うまく活用してぜひホテルを「使い倒して」、自分らしい、自分仕様のホテル滞在を楽しんでいただきたいと思います。

おわりに

1991年12月、池袋駅からほど近い場所で、アップルワールドの前身である「アップルホテルズ」は生まれました。時はバブル絶頂期を経て、海外旅行が誰でもできる娯楽になってきた時代。しかし当時海外旅行といえばまだパッケージツアーが主流で、個人で海外旅行をする方は少数派でした。今でこそホテル予約専門のウエブサイトも多数存在しますが、当時は「個人旅行専門の海外ホテル予約会社」は、かなり珍しいビジネスだったのです。

やがて時代とともに個人での海外旅行が増え、当社のビジネスも徐々に成長していきますが、そこで直面したのが、多くの個人旅行者が、旅行先でトラブルにあったり不快な思いをしているという現実でした。

例えば、チップの払い方がわからない、客室に不満があっても誰に言っていいのかわからない、といった知識不足による困惑。チェックインしようとしたら後から来た欧米人ゲストの後に回された、レストランで眺めのいい席に座りたかったのに隅のほうに案内された、といった「差別されているのではないか」といった不信感。あるいは、チェックインしようとしたら予約がないと言われた、オーバーブックと言われた、部屋に行ってみたら誰かが使っていた、といったホテル事情によるトラブル。

「なぜそれが起きるのか」という背景や仕組みを知っていれば、これらの多くは落ち着いて対処できるのですが、何も知らずにいきなりその状況に直面したら、怒りや不満・不安でパニックになりかねません。さらに悪いのは、それをホテル側にうまく伝えられず、不満を抱えたまま旅行期間を過ごしてしまうこと。それではせっかくの海外旅行が台無しです。その場でホテルに伝えさえすればすぐに解決し、残りの滞在期間を台無しにすることもなかったのに……と思うと、残念でなりません。

そこで少しでもお客様にホテルの仕組みや背景を理解してもらおうと、2000年にスタートしたのが、「アップル博士のホテル講座」というメールマガジンです。お客様からの質問にアップル博士がお答えしていく形式でしたが、「こういうことが起きたのだが、それはなぜ?」

「この時、自分はどう対処したらよかったのか」という、ある種悲痛ともいえるお客様の声を聞くたびに、私たちはもっと情報をしっかり提供していかなくてはならない、そしてそれは自分たちのミッションであると感じてきました。

その後、「そこが知りたいホテルの常識」「クレジットカードのトラブル回避術」といったコンテンツをホームページ上に展開。２０１１年には、小冊子「５ツ星ラグジュアリーホテルって本当に快適ですか？　ミスターＭとマダムヨーコのＨａｐｐｙホテルライフのすすめ」、２０１３年にはその実践編として「もっとホテルを楽しむ20の方法　ミスターＭとマダムヨーコの実践的ホテル活用術」を発行し多くのお客様にご活用いただいています。

そしてこの度、「ビジネスパーソンのホテル利用」という点に焦点を合わせて発行したのが本書です。今後ますます多くのビジネスパーソンが世界を相手に戦っていく時代、海外出張も当然のことながら増えていくことでしょう。その際、ホテルという舞台装置をいかにうまく使うか、そして、日本を離れたいわば「アウェイ」の環境において、ホテルをいかに「ホーム」にするかをぜひ知っていただきたいという願いを込めて作りました。

時代とともにホテルの役割も変わり、設備やサービスも変化していきます。しかし決して変わらないのは、ホテルには、あなたをサポートしたいと願い、あなたのビジネスの成功を願う素晴らしいスタッフがたくさんいるということです。彼らの力をフルに活用することで、皆様の海外出張をぜひ実りあるものにしてください。

最後になりましたが、この本を出版するにあたりお世話になりました、株式会社ダイヤモンド・ビジネス企画編集担当の岡田晴彦さん、相原由梨さんに深く感謝申し上げます。また、インタビューに快く応じてくださったザ・ウィンザー・エンタープライズ株式会社の窪山哲雄さん、当社とは長いお付き合いで、いつもアメリカのホテルの最新情報を提供してくださる元ニューヨーク・プラザホテルセールスマネージャーで現在はホテルコンサルタントの奥谷啓介さん、出張の達人としてコメントをくださいました武部光子さん、アビームコンサルティング株式会社の岩澤俊典さん他、取材にご協力くださった方々に心より感謝申し上げます。そしてアップルワールドの発行物をいつも支えてくださるライターの佐藤洋子さんにもこの場を借りてお礼を申し上げたいと思います。本当にありがとうございました。

これからも私たちアップルワールドは、皆様がより一層ホテルライフを楽しんでいただけるよう、そして世界のホテルを存分にご活用いただけるよう、精いっぱいお手伝いさせていただきます。皆様の旅が思い出深いものになれば幸いです。

いつか、世界のどこかのホテルで皆様にお会いできることを楽しみにしております。

株式会社アップルワールド

2015年1月

【著者】

株式会社アップルワールド

個人旅行者のための海外ホテル予約専門会社として1991年に創業。取扱ホテルの豊富なバリエーションと詳細なホテルデータベースを武器に急成長を遂げる。1996年には業界に先駆けてウエブサイトを開設。世界各地の有力な手配会社とシステム接続を進め、2000年代後半には世界最大級のマルチベンダーシステムを構築した。同時に、「アップル博士のホテル講座」「そこが知りたいホテルの常識」などの知識系コンテンツも充実させ、日本人旅行者が海外のホテルで快適に滞在するためのノウハウ提供にも力を入れている。

【参考アドレス】http://appleworld.com/

海外出張　成功の鍵はホテルにあり！

2015年1月16日　第1刷発行

著者 ―――――― 株式会社アップルワールド

発行 ―――――― ダイヤモンド・ビジネス企画

〒104-0028

東京都中央区八重洲2-3-1 住友信託銀行八重洲ビル9階

http://www.diamond-biz.co.jp/

電話 03-6880-2640（代表）

発売 ―――――― ダイヤモンド社

〒150-8409　東京都渋谷区神宮前6-12-17

http://www.diamond.co.jp/

電話 03-5778-7240（販売）

印刷・製本 ――― 中央精版印刷

編集製作 ―――― 岡田晴彦

装丁・本文デザイン ―― 谷関笑子

DTP ―――――― 齋藤恭弘

制作進行 ―――― 相原由梨

ISBN 978-4-478-08366-6